너무 빨리
용서하지
마라

Don't Forgive Too Soon
Extending the Two Hands That Heal

Dennis Linn, Sheila Fabricant Linn & Matthew Linn, S.J.

IMPRIMI POTEST:
D. Edward Mathie, S.J.
Provincial, Wisconsin Province of the Society of Jesus
May 21, 1996
Copyright ⓒ 1997 by Dennis Linn, Sheila Fabricant Linn and The Wisconsin Province of the Society of Jesus
Korean translation copyright ⓒ 2016 by ST PAULS, Seoul, Korea

너무 빨리 용서하지 마라
– 용서, 두 손으로 하는 치유

초판 발행일 2016. 3. 11
1판 3쇄 2022. 1. 26

글쓴이 데니스 린·쉴라 린·마태오 린, S.J.
옮긴이 김인호·장미희
펴낸이 서영주
총편집 서영필
편집 손옥희, 김정희 **디자인** 김서영
제작 김안순 **마케팅** 서영주 **인쇄** 아트프린팅

펴낸곳 성바오로
출판등록 7-93호 1992.10. 6
주소 서울특별시 강북구 오현로7길 20(미아동)
취급처 성바오로보급소 **전화** 944-8300, 986-1361
팩스 986-1365 **통신판매** 945-2972
E-mail bookclub@paolo.net
인터넷서점 www.paolo.kr
www.facebook.com/stpaulskr

값 12,000원
ISBN 978-89-8015-875-1
교회인가 서울대교구 2016. 1. 4 **SSP** 1026

이 도서의 국립중앙도서관 출판예정도서목록(CIP)은 서지정보유통지원시스템 홈페이지(http://seoji.nl.go.kr)와 국가자료공동목록시스템(http://www.nl.go.kr/kolisnet)에서 이용하실 수 있습니다. (CIP제어번호 : CIP2016005430)

이 책은 저작권법의 보호를 받으므로 무단전재와 무단복제를 금합니다.
이 책 내용의 전부 또는 일부를 재사용하려면 반드시 저작권자와 성바오로출판사의 동의를 얻어야 합니다.

Don't Forgive
Too Soon

너무 빨리 용서하지 마라

용서, 두 손으로 하는 치유

데니스 린·쉴라 린·마태오 린, S.J. 글
김인호·장미희 옮김

성바오로

차례

서문 · 7

1부

건강한 용서의 단계 · 11

1. 속옷도 내주어라 · 13
2. 두 손으로 하는 용서 - 양육에서 정치까지 · 25
3. 비폭력적 개입 및 용서의 다섯 단계 · 45
4. 부정 · 60
5. 화 · 71
6. 거래 · 86
7. 우울 · 102
8. 수용 · 114
9. 용서, 사랑과 돌봄의 여정 · 125
10. 토마토 전쟁 · 134
11. 삶의 양식으로서의 용서와 비폭력적 개입 · 154
12. 아동기, 비폭력적 삶의 시작 · 157

2부

치유의 과정 · 163

13. 초점 기도 · 165
14. 엠마오의 기도 · 176

에필로그 · 185
참고 · 189

서문

...

 보통 우리는 나에게 상처를 주는 사람들을 용서해야 한다고 생각한다. 하지만 기도를 포함해 할 수 있는 모든 것을 했는데도 여전히 상처에서 헤어 나오지 못한다면 어떻게 용서를 할 수 있겠는가? 상처를 입을 때 대다수의 사람들은 상대가 자신을 짓밟도록 내버려 두는 수동적인 피해자가 되거나 복수를 함으로써 폭력의 악순환에 참여하고 싶은 유혹을 받는다. 그러나 우리는 용서의 5단계 과정을 통하여 상처에 대하여 좀 더 창의적으로 대응할 수 있다. 용서의 5단계는 우리가 두 손을 내밀 수 있도록 도와준다. 한 손은 상처를 준 사람이 더 이상 그런 행동을 못하도록, 다른 한 손은 그 사람을 진정시키고 그에게 새로운 삶을 제시하도록 사용한다.

 15년 전 우리(데니스와 마태오)는 「Healing Life's Hurts」(삶의 상처를 치유하기)라는 책을 저술했는데, 바로 용서의 5단계에 관한 것이었다. 당시 우리는 상처를 준 사람을 용서하는 과정이 엘리자베스 퀴블러 로스 박사가 죽음을 앞둔 환자들에게서 보았던 애도의 5단계 과정과 흡사함을 깨닫고 상처는 곧 작은 죽음과 같다는 것을 이해하게 되었다. 이후 용서의 5단계는 대폭적으로 받아들여졌다.

「Healing Life's Hurts」(삶의 상처를 치유하기)는 영어본으로만 40만 부 이상이 판매되었고 지금까지 적어도 10개 국어로 번역되었다. 우리 셋은 미국의학협회와 같은 전문 기관과 여러 대학들의 공인을 받아, 책 제목과 같은 강연회를 수백 회 진행했고 교도소 수감자들과 제3세계 국가들에서 정규 교육이 전무한 마을 사람들을 대상으로도 같은 주제의 강연을 했다. 모든 대륙의 40여 개 나라에서 강연을 한 후에 우리는 용서의 5단계가 인간의 근본적인 경험인 애도를 바탕으로 하므로 인간이 경험하는 보편적인 과정이라는 것을 깨닫게 되었다.

이 책도 용서의 5단계를 다루지만 초점이 다르다. 「Healing Life's Hurts」(삶의 상처를 치유하기)는 은총과 기도라는 보다 전통적인 그리스도교적 표현 방식을 사용하고 있으며, 예수님의 십자가 위에서의 용서를 본보기로 삼아 용서를 영적·정서적으로 늘 긍정적인 체험인 것으로 전제한다. 어느 책이나 용서가 하느님의 은총이라는 기본자세에는 변함이 없다. 용서의 5단계는 우리가 하느님의 은총을 받을 수 있도록 마음을 열고 그 은총을 간구하기 위한 간단한 방법일 뿐이다. 이 책은 용서에 대한 예수님의 메시지가 어떻게 왜곡되었고, 왜 그토록 많은 사람들이 용서를 어려워하는지를 알고자 하는 시도이다. 우리는 이 책을 통하여 종교로 인해 상처를 입은 사람들을 포함해, 가능한 많은 독자와 소통하고자 노력했다.

이 책의 또 하나의 다른 측면은 책이 쓰인 시대와 관계가 있다. 「Healing Life's Hurts」(삶의 상처를 치유하기)가 출판될 즈음에는 감정과 신체적 건강 사이에 연관성이 있다는 것이 새로운 통찰이었다. 그래서 우리는 용서의 5단계가 어떻게 영적인 치유뿐 아니라 정서적·신체적인 치유까지도 가능하게 하는지에 대하여 썼다. 이후 정신 신체의학에 대한 수백 편의 학술 논문들과 수많은 책들이 용서와 건강 사이의 연관성을 확증하였고, 이로 인해서 의학적 개입에 혁신이 일어났다.

반면, 이 책은 이 시대에 일어나고 있는 또 다른 혁신적 움직임을 반영한다. 이 혁신적 움직임은 정신 신체 의학보다 훨씬 더 큰 영향을 끼치며, 이는 우리 사회와 세상이 직면한 가장 심각한 문제, 즉 폭력의 문제에 대한 하나의 답변을 제공해 준다.

1부

건강한 용서의 단계

남아프리카 공화국의 백인 병사들이 불도저를 몰고 불법 거주자들이 모여 사는 동네에 와서 한 무리의 가난한 흑인 여자들에게 다가갔다. 병사들은 2분을 줄 테니, 불도저로 마을을 깔아뭉개기 전에 떠나라고 명령했다. 그 여자들이 어떻게 대처할 수 있었을까? 마을 남자들은 대부분 일하러 나가고 없는 상황에서 그녀들은 백인 병사들의 폭력에서 스스로를 지키기 위해 총을 꺼내 들고 폭력을 사용해야 했을까? 아니면 수동적으로 순순히 물러나 살던 집이 무너지는 것을 그저 바라보고만 있어야 했을까? 그들은 이렇게 했다. 네덜란드계 백인 칼뱅교도가 철저히 청교도적임을 알고 있었으므로 그들은 줄지어 서 있는 불도저 앞으로 가 입고 있던 옷을 속옷까지 모두 벗어 버렸다. 그러자 병사들은 뒤도 안 보고 도망쳐 버렸다. 그녀들은 마을을 떠날 필요가 없었고 지금도 그 마을에 살고 있다.

1. 속옷도 내주어라

이 책은 용서에 대한 책이다. 이 책을 구입한 사람이라면 인간이 깊이 원하는 것은 지속적인 오랜 관계 안에서 사랑을 주고받는 것이며, 용서는 이 갈망의 핵심이라는 것을 잘 알고 있을 것이다. 그럼에도 대부분의 사람들에게 용서해야 한다는 말은 반갑지 않다. 또한 그렇게 느끼는 데에는 그럴 만한 이유가 있다. 예를 들어, 춥고 어두운 어느 날 밤, 귀갓길에 인적이 끊긴 동네를 걷고 있다고 상상해 보자. 무거운 짐을 들고 오느라고 몸은 천근만근인데 뒤에서 들리는 발자국 소리는 점점 더 가까워지고 공포는 점점 더 커진다. 다음 순간 당신이 기억하는 것은 두 남자가 달려들어 당신을 땅에 쓰러뜨리고 정신을 잃을 정도로 때렸다는 것이다.

몇 시간 후에야 정신이 든 당신은 동상에 걸린 손으로

붓고 피나는 오른쪽 뺨을 닦아 낸다. 그리고 당신을 공격한 자들이 한 치의 망설임도 없이 속옷을 제외한 모든 것을 가져갔다는 것을 깨닫는다. 고통스러운 몸을 서서히 움직여 더 상한 곳은 없는지 얼굴을 더듬고 부러진 곳은 없는지 살펴보면서, 당신을 공격한 짐승만도 못한 인간들에 대하여 첫 번째로 드는 생각은 무엇일까? '당신을 사랑하고 용서합니다'일까? 아니면 '외투와 양복뿐 아니라 속옷까지 줄 수 있었으면 좋았을 텐데'일까? '왼쪽 뺨도 내줄 수 있었으면 좋았을 텐데. 그러면 지금 두 뺨 모두 피범벅이 되었을 텐데'일까?

예수님은 우리가 한 대 더 맞기를 원하실까?

아마도 성경에서 가장 인기 없는 말씀 중 하나는 용서에 대한 전형적 가르침을 담고 있는 마태오 복음 5,38-42일 것이다.

"'눈은 눈으로, 이는 이로.' 하고 이르신 말씀을 너희는 들었다. 그러나 나는 너희에게 말한다. 악인에게 맞서지 마라. 오히려 누가 네 오른뺨을 치거든 다른 뺨마저 돌려 대어라. 또 너를 재판에 걸어 네 속옷을 가지려는 자에게는 겉옷까지 내주어라. 누가 너에게 천 걸음을 가자고 강요하거든, 그와 함께 이천 걸음을 가 주어라. 달라는 자에게 주고 꾸려는 자를 물리치지 마라."

여기서 예수님은 용서가 우리로 하여금 한쪽 뺨뿐 아니라 나머지 뺨도 마저 내어놓는 것이고, 외투뿐 아니라 속옷까지 가져가도록 내버려 두는 것이라고 말씀하시는 듯하다.

오랜 세월 우리는 이 말씀을 원망해 왔다. 그래서 이 말씀에 순종한다는 것은 누구든지 밟고 지나갈 수 있는 수동적인 피해자가 되는 확실한 길로 여겨지기까지 했다. 많은 사람들이 이 말씀에 대해 우리와 비슷한 느낌을 가진다. 예를 들어 보자. 마크의 부모는 오랫동안 저축을 해서 아홉 살이 된 마크에게 첫 자전거를 사 주었다. 그런데 어느 날 저녁 누군가 그 자전거를 훔쳐 갔다. 마크는 부모에게 이렇게 말했다. "저는 누가 외투를 훔쳐 가면 그에게 속옷까지 내주라는 예수님의 말씀이 싫어요. 그것은 마치 자전거를 훔쳐 간 사람을 찾아 자전거를 돌려받으려는 노력조차도 해서는 안 된다는 말씀 같아요."

언젠가 멕시코 화폐 페소의 평가 절하 직후 500명의 청중 앞에서 마태오 복음 5,38-42을 읽자, 한 여자가 소리쳤다. "나는 그 말씀이 정말 싫습니다. 미국과 멕시코 정부가 우리에게 요구하는 것이 바로 그런 것이기 때문입니다." 그러자 청중 모두 똑같은 말을 외쳤다. 몇 달 전에는 교도소 수감자들에게 마태오 복음 5,38-42을 읽어 주었다. 그들 역시 "우리는 그 말씀이 정말 싫습니다. 교도관들이 우리를 못살게 굴 때조차 우리에게 그런 행동을 기대하기 때문입니다."라고 말했다.

우리는 마크와 500명의 멕시코 사람들과 수감자들이 어떻게 느꼈을지 이해한다. 심리학적 연구와 상담 사례 연구들은 모두 수동적으로 겪는 학대의 고통이 건강하지 못하다고 말한다. 마태오 복음 5,38-42에 대한 잘못된 이해가 있어 보였다. 최근에 우리는 성서학자 월터 윙크 박사의 도움으로 마크와 멕시코 사람들과 수감자들이 옳았다는 것을 알게 되었다. 월터 박사는 자신의 수상 저서인 「Engaging the Powers」[*1]에서 예수님의 말씀이 어쩌면 우리가 일반적으로 생각해 왔던 것과는 반대되는 것을 의미할 수도 있다고 언급하였다. 마태오 복음 5,38-42에서 예수님은 수동적이고 자기 학대적인 태도와는 사뭇 다른 용서의 방식을 소개하신다. 즉 예수님은 능동적으로 악에 저항하고, 자신의 존엄성을 유지할 뿐 아니라 우리에게 상처를 준 사람도 자신의 존엄성을 되찾도록 도와주는 새로운 용서의 방식으로 우리를 초대하신다. 다음은 위의 성경 말씀에 대한 월터 박사의 설명이다.[*2]

[*1] 2004년 한국기독교연구소에서 「사탄의 체제와 예수의 비폭력」(한성수 역)으로 출간되었다. 저자 월터 윙크(1935-2012)는 뉴욕 오번신학대학의 성서학 교수였으며 세계적으로 유명한 신약 학자들 가운데 한 사람으로 평가받았다. 특별히 그는 기독교 문명의 폭력성에 대한 준엄한 예언자적 비평가이기도 했다. 폭탄이 평화를 보장해 준다고 믿는 폭력과 전쟁의 가부장적 시대에 그는 사람들이 세상의 악한 세력들, 특히 정치·경제·문화적인 지배 체제라는 구조악의 내면에 있는 영적인 실재를 보도록 초대했다. 한국어 번역서로 「예수와 비폭력 저항」(김준우 역, 한국기독교연구소, 2003)도 있다. - 옮긴이 주

[*2] 월터 박사의 성경 해석이 다소 자의적일 수 있다. 하지만 그것이 성경의 근본 가르침을 훼손하거나 혼란을 일으키지는 않는다고 판단한다. 따라서 독자들이 그의 성경 해석에 지나치게 주목하기보다는 여기서 전하고자 하는 핵심적인 내용에 주목하는 유연성이 요청된다. - 옮긴이 주

왼뺨도
내주어라

처음의 두 문장은 잠시 한쪽으로 놓고 마태오 복음 5,38-42 중 39ㄴ절의 "오히려 누가 네 오른뺨을 치거든 다른 뺨마저 돌려 대어라."부터 살펴보자. 예수님이 구체적으로 오른뺨이라고 말씀하신 이유가 무엇일까? 내가 고대 팔레스타인의 힘없는 노예이고 주인이 막 내 얼굴을 때리려고 한다고 상상해 보자. 왼손은 더러운 일을 처리할 때만 사용하기 때문에 누군가를 때리려면 오른손을 사용해야 한다. 그리고 오른손으로 상대방의 오른뺨을 때리려면 손등을 이용해야 한다. 오른손 주먹이나 손바닥으로 때리려면 팔을 비틀어야 하기 때문이다. 예수님이 살던 문화권에서 누군가를 손등으로 때린다는 것은 매우 특별한 뜻이 있었다. 이것은 상대적으로 더 큰 권위를 가진 사람이 권위가 없는 사람에게 모멸감을 주기 위한 행동이었다. 주인은 노예에게, 로마인은 유다인에게, 남편은 아내에게, 부모는 자녀에게 그렇게 할 수 있었다. 그 행위가 전달하는 메시지는 '네 위치는 내 아래임을 기억하라!'였다.

성경 말씀에 따라 우리가 나머지 왼뺨을 내준다면 계속해서 오른손을 사용해야 하는 주인은 더 이상 손등으로 때릴 수 없다. 주인이 다시 때리려면 주먹(또는 손바닥)을 사용해야 한다. 그런데 주먹(또는 손바닥)으로 상대방을 때리는 것은 동등한 사람들 사이에서만 허용되는 행위이었다. 그러므로 왼뺨을 내준다는 것은 곧 존엄성을 회복하는 일이자, 굴욕을 거부한다는 메시지를 전달한다. 또한 주인이 믿고 있는 오류, 즉 한 인간이 다른 인간보다 낫다는 오류를 성찰함으로써 그 자신의 참된 존엄성을 회복하도록 초대한다. 이렇게 상대방과 다른 방식, 곧 비폭력적인 방식으로 모든 것을 이루게 된다.

속옷도
내주어라

이어지는 말씀이다. "또 너를 재판에 걸어 네 속옷을

가지려는 자에게는 겉옷까지 내주어라." 이는 부유한 지주들의 고리대금업으로 가난한 사람들이 결국 부채를 갚지 못해 땅을 잃게 되는, 가혹한 착취적 경제 체제에 대한 말씀이다. 이미 모든 것을 잃은 사람들이 부채에 대한 담보로 내줄 것은 '히마티온'(겉옷이라고 번역된)뿐이었다.

법정에서 펼쳐지는 이 장면에서 가난한 사람은 겉옷을 벗어 넘기라는 요청을 받는다. 실제로 채권자가 '내 셔츠'를 벗긴다고 치자. 그런데 예수님은 속옷을 의미하는 '키톤'(통으로 된 긴 옷·옮긴이 주)도 내주라고 말씀하신다.[*3] 예수님 시대에는 밖에서 키톤만 입고 다니는 것이 당황스럽거나 놀라운 일이 아니었다. 그러나 그 안에 입은 것이 없으므로 키톤을 내준다는 것은 우리 문화에서 보면 내의를 다 벗어 주는 것과 같았다. 우리 시대에 내의를 벗어 주는 것이나 예수님 시대에 키톤을 벗어 주는 것의 결과는 똑같이 벌거벗게 된다는 것이다. 문화적으로 예수

---

*3 마태오 복음에서 실제로 내놓으라고 요구된 것은 히마티온(겉옷)이 아니라 키톤(속옷)이었다. 그러나 병행 본문인 루카 6,29-30에서는 내놓도록 요구되는 것이 히마티온(겉옷)으로 바뀐다. 탈출 22,25-27에 나타난 겉옷을 담보로 주는 유다인의 관습에 의하면 루카 복음의 순서가 맞는 것이 분명하다.

님 시대에는 벌거벗은 사람보다 벌거벗은 사람을 쳐다보는 것이 더 명예롭지 못하고 수치스러운 행동이었다. 따라서 이제 채권자는 채무자에게 주려고 했던 굴욕을 본인이 느끼게 되었다. 월터는 이렇게 말한다.

> 채권자는 합법적인 대금업자가 아니라 전체 사회 계층을 땅의 무소유, 빈곤, 굴욕으로 끌어내리려는 사람이라는 것이 드러난다. 그의 가면을 벗기는 것은 그저 그를 처벌하기 위한 것이 아니다. 가면이 벗겨짐으로써 어쩌면 채권자는 난생 처음 자신의 행동이 어떤 결과를 초래하는지 볼 수 있는 기회와 회개할 기회를 가지게 될 것이다.

이렇게 함으로써 우리는 비폭력적인 대응 방법을 선택하고, 자신의 존엄성을 회복할 수 있는 힘도 되찾게 되며, 나아가 나를 억압한 사람에게 회개의 기회까지 제공할 수 있게 된다.

1마일을
더 가 주어라

성경 말씀은 계속된다. "누가 너에게 천 걸음을 가자고 강요하거든, 그와 함께 이천 걸음을 가 주어라."(마태 5,41) 예수님 시대의 팔레스티나에서는 로마군이 그들 지배하의 지역민들에게 짐을 운반시킬 수 있었다. 지역민들은 이런 식의 강제 노역에 동원되는 것을 매우 싫어했다. 영리한 로마인들은 폭동이 일어나는 것을 피하기 위해서 요구할 수 있는 강제 노역의 양을 제한하는 법을 만들었다. 한 명의 병사는 지역민에게 그의 짐을 단 1마일만 지고 가도록 요구할 수 있었고, 더 가자고 요구하면 처벌을 받았다. 자, 내가 팔레스티나의 지역민이고 로마 병사가 나를 붙잡아 강제로 짐을 운반하게 한다고 상상해 보자. 로마의 도로에는 표시가 되어 있어 어디까지가 1마일인지 잘 알 수 있었다. 1마일이 되는 지점에 도착해 나는 짐을 돌려주지 않고 계속 활기차게 걸어갈 수 있다. 로마 병사는 당황해 처벌을 받을까 봐 두려워할 것이다. 그가 짐을 돌려 달라고 사정하는 것을 상상해 보라! 이번에도 내적 힘, 지혜를 이용하여 상대방의 지나친 행위에 응답할 바를 스스로 결정하고 피해자가 되는 것을 거부함으로써, 상대방을 공격하는 폭력의 악순환에 갇히는 일 없이 자기 자신의 존엄성을 회복하게 된다.

창의적이고 비폭력적인 저항 방법을 찾아라

마태오 복음 5,39ㄱ으로 돌아가 보자. 예수님은 "악인에게 맞서지 마라." 하고 말씀하신다. 영어로 'resist'(맞서다, 저항하다 · 옮긴이 주)는 그리스어 'antistenai'를 번역한 것이다. 이 단어는 "폭력적으로 저항하다"라는 의미로, 군사적으로는 무력 봉기를 뜻한다. 따라서 예수님이 우리에게 말씀하시는 것은 눈에는 눈으로 갚지 말고, 되받아치지 말고, 받은 것과 똑같은 폭력으로 대응하지 말라는 것이다. 대신 예수님은 우리에게 폭력적 또는 굴욕적으로 대하는 사람들이 있으면, 우리가 창의적이고 비폭력적인 새로운 방식으로 저항하여 존엄성을 되찾을 수 있도록 초대하신다. 적어도 우리는 간디가 "비폭력 행위의 첫 번째 원리는 우리를 굴욕적으로 대하는 모든 것에 대한 협력을 거부하는 것입니다."라고 말했듯이 완전한 변화가 불가능한 불의한 상황에서도 수동적인 피해자로 남아 있지 않고 대응 방법을 선택할 수 있는 힘을 유지할 수 있다.

용서는 복수와 앙갚음의 포기를 의미하지만 수동적으로 폭력을 묵인한다는 의미는 아니다. 월터 윙크는 이러한 '비폭력적 개입'을 '예수님의 세 번째 길'이라고 불렀다.

2. 두 손으로 하는 용서
– 양육에서 정치까지

> …비폭력은 우리로 하여금 압제자에게 두 손을 사용하게 한다. 즉 '한 손은 압제자에게서 그의 것이 아닌 것을 되찾아 오는데, 또 한 손은 그렇게 하는 동안 그를 진정시키는 데 사용한다.'
>
> - 바버라 데밍

마태오 복음 5,38-42에서 예수님은 비폭력과 용서를 위해 두 손을 사용하도록 가르치신다. 한 손은 압제자에게서 그의 것이 아닌 것을 되찾아 온다. 이 손은 압제자에게 "아니, 당신은 더 이상 나를 이렇게 대할 수 없습니다. 손등으로 내 오른뺨을 때리는 행위로 더 이상 나를 모욕해서는 안 되며 나를 불의한 법을 옹호하는 법정에 세우는 것으로 나에게서 당신에게 대응하는 힘을 빼앗아갈 수는 없습니다. 나를 당신의 짐을 운반하는 불쌍하고 힘없는 피해자로 만들 수 없습니다."라고 말한다.

두 번째 손은 천천히 압제자를 진정시킨다. 즉 이 손은 우리를 때리는 주인, 착취하는 지주, 이용하는 로마 병사를 반성의 시간으로 초대한다. 또한 다른 사람들을 억압하는 것은 궁극적으로 백해무익한 일이며, 억압을 당하는 사람은 물론 압제자 자신까지도 비하하는 행위임을 깨닫도록 초대한다. 압제자에게 우정을 제안하는 것이 안전하지 않은 상황들이 있을 수 있기에 항상 그렇게 할 수는 없지만, 우리가 이 손으로 항상 할 수 있는 것은 압제자가 자신 안에서 최고의 선을 발견할 수 있도록 빌어주는 것이다.

이렇게 두 손으로 하는 용서는 우리에게 상처를 준 사람들과 우리 자신을 사랑하는 창의적인 방법이다. 제대로 사용하면 이 두 손은 폭력 앞에 선 우리를 수동성에서 해방시켜 주고 압제자도 자신의 폭력적 행위에서 해방되도록 도와준다. 사랑은 예수님의 메시지의 본질이며, 비폭력적 개입을 통해 용서하는 사랑이 복음의 핵심이기 때문이다. 다음은 양육에서 국제 관계에 이르기까지 두 손으로 하는 용서가 무엇인지 보여 주는 예화들이다.

스파게티와 얼린 요구르트

 6살 된 카일은 집안일을 돕기 위해서 매일 저녁 6시 식사 시간에 맞추어 식탁을 차리기로 엄마(다이앤)와 약속했다. 하지만 이틀 연이어 제시간에 식탁은 차려지지 않았고 그때마다 다이앤은 카일과 그 상황에 대하여 이야기했다. 그러나 세 번째 날 저녁에도 6시 15분이 되도록 여전히 식탁에는 아무것도 없었고 배가 고팠던 카일의 누이와 아버지는 빨리 저녁을 먹으려고 대신 식탁을 차리겠다고 했다. 다이앤은 "지금 카일이 자기가 안 하면 우리가 대신 해 준다는 것을 알게 하는 것은 정말로 그를 돕는 것도 아니고 우리 가족을 돕는 것도 아니에요." 하고 저지하면서 모두 식탁에 앉으라고 기분 좋게 말했다. 그리고 부엌에서 스파게티 냄비를 가지고 와서 아무것도 차려지지 않은 나무 식탁 위 각 사람 앞에 스파게티를 덜어 주고 그 위에 스파게티 소스를 붓고 그 위에 샐러드드레싱을 부어 주었다. 마지막으로 그녀는 여전히 평온하고 다정하고 존중하는 태도로 그날의 디저트인 얼린 요구르트를 가지고 와서 스파게티 위에다 얹어 주었다. 깜짝 놀란 카일은 접시, 나이프, 포크 없이 저녁을 먹어야만 했고 식탁을 차리지 않은 것에 대한 논리적인 결과가 무엇인지를 경험했다. 그날 이후 카일은 항상 제시간에 식탁을 차렸다.

비협조적인 아들들과 부모의 파업

빌과 에이미에게는 매우 유쾌한 두 아들, 8살 아론과 6살 토니가 있었다. 그런데 이 아이들이 갑자기 며칠 동안 집안일을 돕지 않고 비협조적으로 행동했다. 아이들과 여러 번 대화를 시도했으나 상황은 나아지지 않았다.

마침내 빌과 에이미는 가족회의를 열었다. 그들은 침착하고 친절하게 말했다. "너희들이 가족을 위해서 너희 몫을 하지 않은 것 같아서 우리도 파업을 할 거란다. 우리는 너희들을 학교에 태워다 주는 일만 빼고 부모로서의 일을 하지 않을 거야." 빌과 에이미는 평소에 아이들과 관계가 매우 좋았기 때문에 이렇게 해도 안전하다고 느꼈다. 또한 두 사람 모두 자아 통찰력이 뛰어났으므로 그들 자신의 감정을 모니터하여 아이들에게 처벌적·보복적 태도를 갖지 않도록 주의할 수 있었다. 다음 날 아침 아론과 토니는 스스로 점심도시락을 준비해야 했는데 올리브 열매와 사과 소스밖에 생각이 나질 않았다. 방과 후 엄마에게 공원까지 태워 달라고 하자, 엄마는 다정하지만 단호한 목소리로 거절했다. 저녁 식사 때가 되어 배가 고팠던 아이들은 냉장고를 뒤져 보았지만, 그들이 할 수 있는 요리라고는 강판에 치즈를 가는 일과 전자레인지 작동뿐이었다. 이틀 동안 저녁 식사로 나초만 먹고 나서 아이들은 부모의 파업에 대해 큰 소리로 불평을 했다. 빌과 에이미는 다시 가족회의를 열었다. 아론과 토니는 "엄마, 아빠는 우리 부모잖아요! 그러니까 우릴 돌봐 주어야 하는 거잖아요!" 하고 말했다. 빌과 에이미는 "그래도 우리는 파업할 것이라고 미리 말해 주었잖아. 하지만 너희들은 예고도 없이 파업을 먼저 하지 않았니?"라고 말했다.

그날 저녁 그들은 가족을 위해 각자 해야 할 일을 하는 것이 얼마나 중요한지에 대하여 길게 이야기를 나누었고, 그때야 비로소 왜 아이들이 할 일을 하지 않았는지 이유가 밝혀졌다. 아빠인 빌은 밝고 유쾌한 성격의 소유자였지만 최근 어머니가 위독하신 상황이어서 그런 밝음과 유쾌함을 보여 줄 수 없었다. 아론과 토니는 그런 아빠의 고통을 느낄 수 있었고 자신들이 느끼는 고통을 제대로 표현하지 못한 채 무의식적으로 나쁜 행동을 통해서 아빠의 고통스러운 감정을 공감하고 싶었던 것 같았다. 그들 모두 아론과 토니의 비협조적 태도의 원인을 좀 더 빨리 알았더라면 아무도 파업을 할 필요가 없었다는 사실을 깨달았다. 그들은 가족의 고통을 서로 나눌 수 있는 더 나은 방법을 찾기로 했다.

이 일이 있고 얼마 지나지 않아 아론의 친구들은 어떤 아이들을 친구로 여기지 않기로 했다. 그들은 아론에게도 그렇게 하라고 강요하며 "우리 편을 들지 않으면 우리는 너도 더 이상 상대하지 않을 거야."라고 말했다. 그날 학교에서 돌아온 아론은 많은 스트레스를 받고 있는 것 같았다. 그는 가족 안에서의 경험을 통해 다른 사람들과 반목하는 것은 누구에게도 도움이 되지 않는다는 것을, 그리고 갈등 상황에서 수동적인 대처는 좋지 않다는 것을 배웠기 때문에 잠자리에 들기 전에 아빠와 의논했다. "아빠, 나는 친구들과 싸우고 싶지 않아요. 하지만 어떤 친구들의 편이 되어 다른 아이들과 적이 되고 싶지도 않아요. 나는 두 그룹의 친구들 모두 다 좋아요." 빌은 아론에게 그 상황에서 벗어날 방법을 찾도록 격려해 주었다.

다음 날 아론은 그의 부모처럼 침착하고 다정한 목소리로 친구들에게 말했다. "나는 너희들도 좋고 저 아이들도 좋아. 나한테 너희들은 다 중요해. 그래서 아무하고도 적이 되지 않을 거야. 그러니까 너희들이 저 아이들과의 문제를 해결했으면 해." 그 말을 듣고 아론의 친구들은 충격을 받았다. 하지만 결국에는 다른 아이들과의 문제를 해결하기로 했고 두 그룹의 아이들은 모두 친구로 지낼 수 있었다.

젊은이의 엄마는
뭐라고 할까요?

 20대 중반의 젊은 남자가 나이 든 여자에게 다가가서 거칠게 밀면서 돈을 요구했다. 그녀는 재빨리 균형을 잡고 키가 158.5센티미터밖에 안 되었지만 똑바로 서서 단호하게, 그러나 전혀 비난하지 않는 말투로 말했다.

 "젊은이, 젊은이의 어머니가 지금 젊은이의 모습을 보면 마음이 어떨까요?"

 그 젊은이는 깜짝 놀라며 말없이 그 자리에 멈춰 섰다. 그리고 약간 당황해하면서 답했다.

 "아마도 큰 상처를 받고 실망하실 거예요."

 그녀는 어느새 함께 걷고 있는 젊은이에게 고개를 끄덕이며 "젊은이는 어머니에게 그런 충격을 드리고 싶지 않을 거예요. 물론 나도 그렇고요."라고 하며 미소 지었다.

돈을 거절한 강도

 버스 정류장에서 한 남자가 총을 든 강도를 만났다. 그 남자는 자기도 모르게 걱정하는 목소리로 말했다. "날씨가 춥네요. 제 외투를 입으세요." 강도가 당황해 어색해하자, 남자는 자연스럽게 말했다. "저는 뭘 좀 먹으러 가는 길인데 같이 가지 않을래요?" 그가 돈을 좀 건네주려고 했으나 강도는 거절하였다.

빈민가 집주인의 빈민가 체험

 빈민가에 집을 소유한 어느 부유한 집주인이 형편없는 집을 빌려주고 비싼 집세를 받으며 다년간 세입자들을 착취했다. 마침내 그는 주거에 대한 법률 위반으로 체포되었고, 판사는 그에게 그가 세놓았던 많은 방들 중 하나에 한 달 동안 살 것을 명령했다. 그 집주인은 교도소 대신에 쥐가 득실대고 부서진 파이프가 널린, 난방도 되지 않는 냄새나는 방에서 한 달 동안 살아야 했다.

주인 없는 상금 1만 5천 달러

동물 보호 단체에서 누구든지 철조망으로 만든 닭장에서 일주일을 살면 1만 5천 달러를 주겠다고 공표했다. 네 명의 지원자가 선택되었는데 그중 세 명은 농부였다. 그들이 들어갈 닭장은 보통 네 마리의 닭을 가두기 위한 것으로 가로 1미터, 세로 1미터, 높이 160센티미터 크기였다. 유일한 먹을거리로 차가운 콩과 쌀을 몇 시간마다 넣어 주었다. 그리고 일반 닭장에서 나는 소리와 유사한 사람의 비명 소리를 녹음한 테이프를 계속 틀어놓았다. 지원자들은 일주일은커녕 18시간밖에 버티지 못했다.

교도소 대신
공부방

 랍비는 회당 외벽이 온통 나치 표식이며 지저분한 낙서로 손상된 것을 발견하고 경찰을 불렀다. 경찰이 범인들을 찾아냈는데 그들은 동네에 사는 대학생들이었다. 학생들은 체포되었고 반달리즘(Vandalism, 다른 문화·예술 등에 대한 무지로 인해 문화 유적 및 공공시설을 파괴하는 행위를 일컫는다. - 옮긴이 주)으로 기소되었다. 판사가 형을 선고하려는 순간 랍비가 이를 저지하며 말했다. "저는 이 학생들에게 범죄기록이 남는 것을 원하지 않습니다. 대신 이 학생들이 저의 종교에 대하여 존중하는 마음을 배우기를 원합니다. 저는 이 학생들이 30시간 동안 저와 함께 유다교에 관해 공부하는 조건으로 풀어 주기를 바랍니다." 판사는 이에 동의했고 학생들은 랍비와 만나 규칙적으로 공부하기 시작했다. 이렇게 해서 그들의 무지는 유다교와 랍비에 대한 이해와 존중으로 바뀌었다.

집집마다 매노라

 어느 12월 저녁 몬태나 빌링스의 슈나이처 가족은 하누카를 준비하기 위해 집을 꾸미고 있었다. 그들은 노란색 플라스틱 매노라(유다교 촛대)를 5살 된 이사악의 침실 창문에 테이프로 붙였는데 그날 밤 신나치 혐오주의자들이 갑자기 던진 콘크리트 벽돌에 창문이 산산조각 났다. 그해 빌링스 지역에서는 소수 민족들을 향한 테러가 자행되고 있었다. 다음 날 아침 미국 연방수사국(FBI)은 태미 슈나이처에게 집에 붙인 하누카 표시들을 전부 제거하는 편이 좋겠다고 조언했다. 그러나 태미는 지금 테러리즘에 굴복하면 그녀와 가족은 앞으로 절대로 안전을 보장받지 못할 것이라고 생각해서 깨진 유리창을 테이프로 붙이고 매노라도 그대로 두었다. 태미는 지역 신문인 '빌링스 가제트'에게 전화해 테러에 대하여 알렸다. 다음 날 몬태나 교회 협회의 회장 마지 맥도널드는 슈나이처 가족 테러를 다룬 기사를 읽고 그들과의 연대를 표현하기 위해 자기 집 창문에도 매노라를 붙이기로 했다. 또한 마지는 자신이 다니는 교회에 전화를 걸어 그러한 사실을 알렸고 교회의 사목자는 신자들에게 집에 매노라 그림을 가지고 가서 가족과 함께 색칠을 해서 창문에 걸어 놓도록 독려했다.

　이런 움직임이 널리 퍼져, 이웃에 사는 유다인들을 지지하는 사람들이 늘었고, 매노라의 수요를 충족시키기 위해 빌링스 인권 연맹은 매노라 그림 인쇄에 들어갔다. 세탁소와 편의점에서는 인권 연맹이 제공한 종이 매노라를 사람들에게 나누어 주었다. 어떤 가게에서는 하루 만에 500장을 다 나누어 주고 더 주문하기도 했다.

　빌링스 가제트는 아예 한 면을 칼라 매노라로 만들었고 5만 명의 구독자에게 그것을 창문에 걸어 놓으라고 격려했다. 성 프란치스코 어퍼 학교의 중학생들은 매노라를 만들어서 지나가는 사람들이 볼 수 있게 교실 창문에 걸어 놓았다. 그들은 테러에 대비해서 책상을 창가에서 떼어 놓으라는 말을 들었으나 그렇게 하지 않았다. 매노라를 붙여 놓은 많은 교회와 그리스도교 신자들의 집이 그날 밤 신나치주의자들의 공격을 받았지만 그들은 물러서지 않았다.

하누카 8일째 되는 날이자 마지막 날에 태미와 브라이언 슈나이처는 자녀들을 차에 태우고 빌링스를 돌아다녔다. 온 동네에 매노라가 걸린 것을 보고 이사악이 말했다. "이렇게 많은 사람들이 유다인인 줄 몰랐어요." 태미가 답했다. "이 사람들이 다 유다인은 아니지만 모두 우리의 친구란다." 그 후 빌링스에서는 소수 민족에 대한 테러가 더 이상 없었다. 그리스도교 신자들은 지금도 유다인 공동체와 연대하여 해마다 하누카에 매노라를 걸어 둔다.

인종 차별 집회에서의 세레나데

일리노이 주 벨센빌 라틴 아메리카계 의회는 KKK단[*4]

[*4] 정식 명칭은 'Ku Klux Klan'이다. 미국 남부의 재건을 급진적으로 추진했던 남부 백인들의 지하 저항 조직으로, 해방된 흑인들을 겨냥한 협박과 폭력으로 백인 우월주의를 확립하고자 했다. - 옮긴이 주

이 주 의사당에서 집회를 할 계획임을 알게 되었다. 그들은 마리아키 밴드의 세레나데(보통 밤에 연인의 집 창가에서 부르거나 연주하는 음악 - 옮긴이 주) 연주로 KKK단의 인종 차별주의에 항의하기로 했다. 의회 의장은 "우리는 최악의 가해자들 앞에서 그 집회를 라틴 문화가 압도하는 페스티벌로 만들 겁니다."라고 말했다.

용서로
군대를 이기다

과테말라 군인들은 여러 원주민 마을에 첩자를 보내 옛날부터 대대로 이어져 온 집안들 사이의 반목에 대하여 알아 오게 했다. 그 정보는 종족을 분열시키고 지도자를 없애는 데 이용되었다. 예를 들어, 첩자들이 그라시아 일가와 레이스 일가가 200년 동안 토지 분쟁으로 서로 반목했다는 사실을 알아내면 군인들은 그라시아家 사람들, 특히 교리 교사나 조합장들을 잡아다가 레이스가家

사람들이 게릴라를 돕고 있다고 강제로 자백하게 했다. 군인들은 레이스 쪽 사람들도 데려다가 그라시아 집안에 대하여 비슷한 자백을 하게 만들었다. 군인들은 그렇게 얻은 거짓 정보로 양쪽 집안의 사람들을 체포하여 고문하고 죽일 구실로 삼았다. 그런데 한 산골 마을의 사람들이 자기들의 묵은 상처로 인해 그들 모두 과테말라 정부군의 모략에 넘어가고 있다는 것을 깨달았다. 그래서 그들은 용서에 대한 피정을 지도해 달라고 우리를 초청했다. 피정을 시작으로, 그들은 집안들 사이에 계속되어 온 상처들을 찾아내고 치유하며 꼬박 1년을 보냈다. 그리고 군인들이 다시 찾아왔을 때 2천 명의 마을 주민 모두가 광장으로 나와 서로에 대한 연대의 표시로 큰 원을 만들어 침묵 중에 서 있었다. 그들은 그렇게 온몸으로 "우리는 하나이다. 그러므로 너희가 우리 중 한 명을 데리고 가길 원하면 우리 모두를 데리고 가야 할 것이다."라는 메시지를 군인들에게 전달했다. 군인들은 그 마을을 떠났고 다시는 돌아오지 않았다. 이 마을은 지금도 과테말라에서 가장 안전한 곳 중 하나로 남아 있다.

덴마크가
유다인을 살리는 법

 2차 세계 대전 중 나치는 덴마크의 크리스찬 왕에게 덴마크가 곧 나치의 수중에 들어갈 것이며 모든 유다인은 노란 별을 달아야 한다고 통보했다. 이에 왕은 덴마크 사람인 유다인이 강제로 노란 별을 달아야 한다면 그도 노란 별을 달 것이라고 응답했고, 그 결과 덴마크에서는 노란 별을 볼 수 없었다. 그러자 나치는 유다인 거주 지역을 따로 만들 것을 요구했지만 왕은 그런 것이 만들어진다면 왕실도 그곳으로 옮길 것이라고 말하며 거부했다.

 이렇게 되자 나치는 1943년 10월 1일(유다인의 새해) 비밀리에 덴마크의 모든 유다인을 체포할 계획을 세웠다. 단 한 번의 대량 수송으로 모든 유다인을 강제 수용소로 보내기 위하여 네 척의 화물선을 대기시켰다. 이 계획을 미리 알아차린 덴마크 정부는 국민들에게 거리로 나가 유다인들을 찾아서 이 사실을 알리도록 했으며 덴마크 전역의 구조 단체들은 바로 행동에 나섰다. 그들은 바닷가의 작은 마을들로 유다인들을 호송해 바다를 건너 안전한 스웨덴으로 피신할 수 있도록 도왔다.

유다인을 위한 덴마크의 국민적 연대는 매우 강해서 구출 작전을 위한 자금은 은행에서 해결해 주었다. 은행에 가서 창구 직원에게 사용 목적만 이야기하면 5천 크로너든지 1만 크로너든지 바로 필요한 돈을 내주었으며 이것이 사적으로 악용되었다는 기록은 전혀 없다.

이러한 비폭력적인 방법으로 거의 7천 명의 덴마크 유다인들이 목숨을 구했다. 이에 대해 아돌프 아이히만은 "덴마크에서의 유다인 작전은 실패했다."고 인정했다.

비폭력적 개입은 효과가 있다

악에 대한 비폭력적 대항이 아무런 힘이 없다고 가정하는 사람들에게 히틀러와 나치는 폭력에 의존해야만 하는 궁극적인 이유가 되어 준다. 그러나 월터 윙크가 보여주듯이 덴마크뿐 아니라 유럽 전역에서는 나치에 대항하여 조직화된(수동적 무저항이 아니라) 비폭력적 개입이 있었고, 그것은 실질적인 효과를 냈다. 불행한 일은 우리가 이러한 시도를 자주 하지 않는다는 것이다.

나치에 대한 비폭력적 대항을 50여 년이 지나서야 이야기하고 있듯이, 우리는 뉴스를 통해서 세상에 만연한 폭력에 대해 자주 듣기 때문에 실상 주변에서 항상 일어나는 비폭력이라는 놀라운 움직임을 쉽게 간과한다. 대부분의 사람들이 베를린 장벽이 무너진 1989년 11월 9일을 기억할 것이다. 같은 해에 13개 나라에서 16억 9천 510만 명(인류의 32퍼센트)이 비폭력적 혁명을 경험했다. 여기에 20세기에 들어 규모가 큰 비폭력 운동이 일어난 나라들을 모두 합하면 비폭력적 개입을 경험한 사람들은 거의 35억, 즉 전체 인류의 64퍼센트에 이른다.

카일이 스파게티와 얼린 요거트를 손으로 먹어야 했던 것처럼, 폭력적인 처벌을 하지 않고 자신의 행동에 대한 논리적인 결과를 체험하게 하는 현대의 부모 교실에서 국제 정치에 이르기까지, 인류는 바버라 데밍이 두 손의 이미지로 표현한 비폭력적 개입이라는 예수님의 세 번째 방법에 대하여 서서히 눈을 뜨고 있다. 외적인 비폭력은 내적인 비폭력에서 시작된다. 따라서 다음 장에서는 용서의 다섯 단계를 통해서 어떻게 우리가 자기 자신을 비폭력적으로 대할 수 있는지, 그리고 그렇게 함으로써 어떻게 다른 사람들을 비폭력적으로 대할 수 있는지에 대하여 살펴본다.

3. 비폭력적 개입 및
용서의 다섯 단계

 몇 달 전 쉴라와 나(데니스)는 캘리포니아에서 콜로라도로 여행을 하면서 비폭력적 개입을 통한 용서를 경험했다. 라스베이거스에 들어서자 사람들이 식사를 하며 쉬다가 도박도 하기를 바라는 근처 카지노들에서 미끼로 제공하는 저렴한 뷔페식당들을 소개하는 광고가 눈에 띄었다. 우리는 도박꾼이 아니었지만 여행용 아이스박스가 거의 비어 있었고, 먹는 것을 좋아하는 나는 할인가의 좋은 음식의 유혹을 뿌리칠 수 없었다.

 우리는 단돈 3.59달러에 모든 것을 먹을 수 있는 뷔페식당이 있는 호텔에 잠시 차를 세웠다. 샐러드만 원했던 쉴라는 비싼 샐러드 바에 관심을 보였으므로 나는 좋은 선택을 한 것이라고 확신했다. 여직원이 선불을 요구했고 나는 한 사람당 3.59달러를 지불했다. 쉴라는 샐러드를, 나는 프렌치프라이, 햄, 닭튀김, 호두 파이 등 먹음직스러운 음식을 한 접시씩 덜어 왔다. 특히 피자와 아이스크림 등이 새로 나올 때마다 여러 번 가져다 먹었다.

그런데 쉴라가 별로 먹고 있지 않는 것을 눈치 챘다. 쉴라는 세 번을 왔다 갔다 했지만 그것은 단지 먹을 만한 것을 찾기 위해서였다. 대부분의 채소가 오래되고 상한 것이었다. 결국 채소를 포기하고 과일을 가지러 갔지만 멜론은 더럽고 끈적거리는 것을 알게 되었을 뿐이다. 쉴라는 직원을 불러서 음식에 대해 이야기했고 직원은 관리인에게 이를 전했다. 마침내 관리인이 우리 테이블로 왔지만 그는 다음과 같은 대화 후에 돌아가 버렸다. 우리는 아무것도 할 수 없다고 느꼈다.

(쉴라) 내가 먹으려던 음식은 모두 상했습니다. 이런 음식에 돈을 지불할 수는 없다고 생각합니다.

(관리인) 음식에는 아무런 문제가 없습니다.

(쉴라) 이 멜론을 보세요. 더럽고 끈적거립니다. 직접 먹어 보세요.

(관리인) 난 멜론을 좋아하지 않아요. 그리고 돈은 돌려 드릴 수 없습니다!

창의적인
해결책 찾기

 쉴라가 내게 말했다. "지금 이 상황에서 아무것도 하지 않고 자리를 뜨면 나는 저 사람과 나 스스로에게 정말 화가 날 거예요." 라스베이거스로 가는 길에 우리는 자기주장에 관한 테이프를 들었다. 우리가 손님으로 제대로 대우를 받지 못했다면 항상 책임자에게 말하라고 했던 강사의 조언을 기억하고 쉴라는 여직원에게 가서 "나는 이 호텔의 사장과 이야기하길 원한다."고 말했다. 사장은 지금 일본에 있다는 직원의 말에 쉴라는 "그럼 부사장과 이야기하겠다."며 요구했고 이에 놀라서 말문이 막힌 직원은 관리인에게 보고하러 갔다.

 이런 일련의 과정 안에서 나는 쉴라를 대하는 관리인의 무례한 태도에 대하여 점점 더 화가 났고 어떻게 하면 보복을 할 수 있을지 생각하기 시작했다. 나는 차에서 아이스박스를 가지고 와서 약 30달러어치의 햄, 치킨, 피자를 담는 상상을 했다(아이스크림은 보관이 안 될 것 같아서 생략했다). 그러나 쉴라는 그런 식으로 앙심을 품고 보복하는 것은 음식을 비판한 우리에게 관리인이 한 복수보다 나을 게 없다고 나를 설득했다.

앙심을 품고 보복을 하고 싶어질 때 자신을 잘 살펴보면 자신의 분노 밑바닥에 미처 인지하지 못한 무엇인가가 더 있다는 것을 종종 깨닫는다. 이럴 때 도움이 되는 질문은 "내가 느끼는 것이 분노가 아니라면 과연 나는 무엇을 느끼는 것일까?"이다.

나는 사람들 눈에 띄지 않게 사라져 버리기를 원하고 있는 나를, 그리고 이때 내가 느낀 것은 수치심이라는 것을 깨달았다. 나는 속임수에 넘어가 버린 스스로가 창피했던 것이다. 어쨌든 음식을 확인하기도 전에 믿고 미리 음식 값을 지불한 사람은 바로 나였다. 나는 관리인의 태도에 대하여 화가 났을 뿐 아니라 잘 속아 넘어가는 나 자신이 창피하게 느껴졌다. 수치심을 느끼면서 나는 "모두 내 잘못이야. 음식 값을 내기 전에 음식 상태를 꼼꼼하게 확인했어야 했어. 그리고 이 모든 것이 단돈 3.59달러에 집중했기 때문이야! 지금 관리인에게 말하는 것이 무슨 소용이 있겠어. 얼른 여기서 나가는 것이 나아."라고 생각했다.

분노에 가려진 채 곪고 있던 수치심을 직시하고 인정하자 보복하려던 마음이 사라졌다. 관리인의 태도에 대한 분노에만 초점을 맞추었다면 나는 수치심이라는 감정을 부인하는 것이었고 그것은 나 자신을 폭력적으로 대하는 것이었다. 그런 식으로 나 자신의 한 부분과 그 관리인을 무시했다면 아마 관리인이 쉴라에게 한 바로 그 무례한 행위를 내가 관리인에게 하고 있었을 것이다. 나의 감정을 직시하자 더 이상 나 자신을 완전히 선한 피해자로, 그 관리인을 철저히 나쁜 가해자로 볼 수 없었다. 그와 나를 분리하는 경계선이 희미해져서 나는 내가 선하기도 하고 실수할 수도 있는 사람이라는 진실을 마주하게 되었고 따라서 그 관리인도 그와 같은 관점에서 볼 수 있게 되었다. 이렇게 되자 나는 양쪽 모두를 존중하는 방법으로 그와 다시 사람 대 사람으로 만날 수 있겠다는 생각이 들었다.

 마음이 이런 상태가 되었을 즈음에 쉴라와 나는 식당 출입문 쪽으로 나와 있었는데, 들어가는 손님들이 우리에게 물었다. "음식이 어때요?" 나는 '내가 해야 하는 것은 나 자신에게 진실하고 이들에게 사실을 말해 주는 것이다.'라고 생각했다. 나는 그들에게 피자와 햄은 매우 훌륭하지만 나와 같은 실수를 하지 않도록 조심하라고 하며 3.59달러를 지불하기 전에 샐러드 바를 둘러보는 것이 좋을 것이라고 말해 주었다. 나는 그들과 함께 샐러드 바로 가서 썩은 브로콜리와 상한 당근을 보여 주며 말했다. "나는 여기 관리인이 손님들이 병이 나기를 원하지 않을 것이라고 확신합니다." 내 말을 들은 사람들은 대부분 곰팡이가 핀 새싹채소가 있는 곳까지 가기도 전에 가버렸다. 약 10분 후 직원들이 샐러드 바에서 상한 음식들을 치우기 시작했고 이제 내가 손님들에게 보여 줄 것은 미끈거리는 멜론밖에 없었다.

바로 이때 관리인이 와서 나에게 3.59달러를 건네주며 공손하게 말했다. "부사장은 스즈키 씨입니다. 그리고 돈을 돌려드리겠습니다." 나는 그에게 감사했고 좋은 마음으로 악수를 나누었다. 우리는 상대방에게 보복하거나 자신이 잘못된 대우를 받도록 방치하지도 않으면서, 단지 진실하게 자신을 직면하고 사실만을 말하는 단순한 방법으로 해결 방안을 찾아냈다는 사실에 스스로 놀라워하면서 식당을 나왔다.[*5]

용서의
다섯 단계

이 모든 것이 용서와 무슨 관계가 있는가? 25년 전 엘리자베스 퀴블러 로스 박사는 자신이 치료하던 환자들이 죽음을 앞두고 일반적으로 애도의 다섯 단계를 거친다는 사실을 발견했다. 그것은 **부정**(진짜 병에 걸렸을 리가 없다), **화**(모든 것이 의사 잘못이다), **거래**(하느님, 저를 살려 주시면 담배를 끊겠습니다), **우울**(왜 조금 더 빨리 건강 검진을 받지 않았을까?), **수용**(정말 죽는구나. 그래, 이제 죽음을 받아들일 수 있겠다)이라는 다섯 단계였다.

우리는 어떤 상처든지 작은 죽음과 같은 상실의 체험이므로 죽음에 대한 애도의 다섯 단계를 통하여 용서에 도달할 수 있다는 것을 깨달았다. 그래서 여러 해 동안 용서에 대해 책을 쓰고 가르칠 때 퀴블러 로스의 애도의 다섯 단계를 상처의 치유 과정에 적용하였다. 용서의 다섯 단계는 **부정**(정말 신경 쓰이는 것은 아니야), **화**(그들 잘못이야), 거

---

*5 저자가 소개하는 이 방법이 다른 비유에 대한 반응처럼 선뜻 '창의적인 방법'으로 받아들여지지 않을 수도 있다. 그런 생각이 드는 독자라면 넓은 의미에서 문화적인 차이로 이해하면 좋을 것 같다. - 옮긴이 주

래(사과하면 용서해 줄 거야), 우울(내 잘못이야), 수용(그런 일이 일어나서 좋지는 않지만 그것으로 인해서 얻게 된 좋은 점들에 대해서는 기쁘게 생각해)이다.

	죽음을 맞이할 때	용서를 할 때
부정 Denial	내가 죽는다는 것을 절대로 받아들일 수 없어.	내가 상처받았을 리가 없어.
화 Anger	내가 죽게 된 것은 그들 때문이야.	내 상처는 그들 때문이야.
거래 Bargaining	죽을 준비가 되기 전에 충족되어야 할 조건을 제시한다.	용서할 준비가 되기 전에 충족 조건을 제시한다.
우울 Depression	나는 내 잘못으로 죽게 되었다.	내가 잘못해서 상처를 입었다.
수용 Acceptance	죽어 가는 고통에서 나를 자유롭게 해 줄 죽음을 기꺼이 기다린다.	이 상처를 통해서 성장할 수 있기를 기대한다.

퀴블러 로스는 죽음을 맞이하는 사람들이 자신에게 중요한 사람과 그들이 느끼는 것을 나눌 수 있으면 죽음에 이르는 다섯 단계를 자동적으로 경험하게 된다고 말한다. 우리는 이러한 움직임이 용서의 다섯 단계에도 적용

된다는 것을 깨달았다. 용서의 다섯 단계는 그 경험을 자신에게 중요한 사람과 나눌 때 우리 안에서 일어나는 정서적이고 영적인 상처들의 치유 과정을 더 잘 보여 준다.

신체적인 상처가 갑자기 기적적으로 치유되는 경우가 있기는 하지만 일반적으로는 먼저 상처에 딱지가 앉고 서서히 흉터가 사라지는 과정을 거치게 되며 그것은 우리가 직접 확인할 수 있다. 정서적인 상처도 마찬가지다. 지금 당장 무상의 깜짝 선물처럼 용서가 가능해지고 기적적으로 치유되는 경우도 있지만 일반적으로는 용서를 위해서 다섯 단계의 과정을 거친다. 그리고 이것은 신체적인 상처에 딱지가 생기는 것만큼이나 자연스러운 일이다.

월터 윙크가 마태오 복음 5,38-42의 주해에서 설명한 예수님의 세 번째 길과 용서의 다섯 단계는 어떤 관계가 있는가? 처음 월터의 책을 읽었을 때 우리는 상처를 받는 상황에서 예수님께서 택하신 세 가지 창의적인 해결책(다른 뺨을 내주고 속옷을 벗어 주고 1마일을 더 가는)을 접하고 매우 기뻤다. 우리는 우리에게 상처를 주는 모든 상황들을 창의적으로 해결할 수 있다고 상상할 수 있었음에도 과연 그러한 해결책을 찾아내는 데 필요한 창의성을 우리 자신과 다른 사람들 안에서 실제로 어떻게 이끌어 낼 수 있는지 궁금해졌다. 한 가지 방법은 라스베이거스의 샐러드 바의 예화처럼 상처가 될 만한 상황에서 우리가 어떻게 창의적으로 대처했는지 그 순간에 대하여 숙고해 보는 것이다. 이러한 회상을 통해 우리는 자기 자신을 진실하게 직면하고 수용할 때 자연스럽게 창의적인 해결책들이 떠올랐다는 것을 깨닫는다. 창의적인 해결책은 억지로 떠올릴 수 있는 것이 아니며, 자연스럽게 떠오르지 않는다면 보통 그것은 자신을 진정으로 직면하지 않았기 때문이다. 용서의 다섯 단계는 자신을 진실하게 직면하는 데 가장 도움이 되는 방법 중 하나이다.

용서의 각 단계는 이야기 속의 하나의 장과 같아 각 장마다 우리가 보고 싶지 않고 밀어내고 싶어 하는 자신에 대한 이야기를 들려준다. 우리가 자신의 어떤 부분이든 부인하면 우리는 내적 평온함을 잃게 되고 자신에 대한 본질적 '진실성'도 잃게 되는 것이 인간의 정신이다. 우리가 받은 상처에 대한 이야기를 들려주는 다섯 단계를 모두 존중하는 마음으로 경청한다면 우리는 자신의 본질적 '진실성'을 회복하게 되고 따라서 창의적인 해결책도 자연스럽게 떠오를 것이다.

 예를 들어, 라스베이거스의 샐러드 바의 예화에서 나(데니스)는 처음에 관리인이 쉴라의 3.59달러를 환불해 주지 않은 것과 그의 무례한 태도에 화가 났었다. 결국 관리인과의 대화가 난관에 부딪히고 해결의 실마리가 보이지 않았을 때 나는 '모든 것이 단돈 3.59달러 때문이라니!'라고 생각하면서 거의 포기할 뻔하였다. 이러한 교착 상태에서 돌파구는 내 안의 분노 밑에서 곪고 있던 수치심을 내가 더 이상 **부정**하지 않았을 때 찾아왔다. 내가 실제로 느끼는 것을 부정하는 것은 스스로에게 무례한 것이다. 그러한 나 자신에 대한 폭력을 중단하자 비로소 관리인에 대한 결례를 멈추고 쉴라를 함부로 대한 것에 대해 그를 비난하는 행동을 중단할 수 있었다. 나의 분노의 초점은 우선 쉴라에 대한 관리인의 무례한 태도에 있었고 다음에는 나에 대한 그의 무례한 태도에 있었다. **거래** 단계에서 나는 '관리인이 쉴라를 공손하게 대하고 3.59달러를 환불해 주면 그를 용서할 수 있다.'에서 '그가 나를 한 사람으로서 대접하면 그를 용서할 수 있다.'로 움직였다. 결국 우울 단계에 도달한 나는 그곳에서 식사하기로 결정하기 전에 주의 깊게 샐러드 바를 살피지 못한 것에 대하여 스스로를 탓하기 시작했다. 또한 나는 "단돈 3.59달러 때문에 이 모든 일이…. 그냥 가자!"라고 말하고 싶은 유혹을 느끼면서 관리인을 비인격적으로 대하려는 나의 태도가 실은 내가 비난하고 있는 관리인의 쉴라에 대한 비인격적인 태도와 똑같다는 사실을 깨달았다. 우리는 각 단계가 들려주는 이야기를 충분히 듣고 이해하는 과정에 충실했기 때문에 마침내 **수용** 단계에 도달할 수 있었다. 이 단계에서 우리는 사람들에게는 줄을 서기 전에 정확한 정보를 제공하고 관리인에게는 존중하는 태도를 보여 주는 창의적인 해결책을 사용할 수 있었다.

월터 윙크 덕에 우리는 비폭력적 개입이라는 예수님의 가르침이 창의적인 용서에 대한 가르침이기도 하다는 것을 깨달았다. 우리는 보통 용서는 보복하는 것이 아니라는 것을 알지만 이상적인 용서란 비폭력적인 저항을 의미한다는 것을 아는 사람은 거의 없다. 사람들은 비폭력적 개입이라는 예수님의 세 번째 방법을 찾기보다 분노의 단계나 우울의 단계에 갇혀 있는 경우가 많다.

우리가 눈에는 눈, 즉 아이스박스에 30달러어치의 햄

과 피자를 채우는 것으로 보복적 대응을 한다면 화의 단계에 갇혀 있는 것이다. 두 손의 이미지에 빗대어 본다면 화의 단계에서 우리는 "당신은 당신의 것이 아닌 것을 내게서 가져갈 수 없다."라고 말하는 첫 번째 손을 과도하게 사용하고 상대방에게 내미는 두 번째 손에 대해서는 잊는 것이다. 우리가 수동적으로 계속해서 손등으로 오른뺨을 맞도록 허용하거나, 관리인이 우리에게서 등을 돌릴 때 우리 자신의 무력함에 항복하거나, 돈을 지불하기 전에 음식을 더 주의 깊게 살피지 못한 것에 대한 수치심의 공격을 받고 거기 머물러 있다면, 우리는 네 번째 단계인 우울의 단계에 갇혀 있는 것이다. 다시 두 손의 이미지에 빗대어 본다면 우울의 단계에서는 첫 번째 손은 잊어버리고 두 번째 손만 지나치게 사용한다.

 그 상황에서 왜 나는 갇혀 있지 않았을까? 일반적으로 내가 많이 사랑받는다고 느끼면 느낄수록 나는 다른 사람들을 더 많이 사랑하고 용서할 수 있다. 내가 혼자였거나 쉴라의 넘치는 사랑을 받고 있지 않았다면 나는 관리인에게 아무것도 하지 않고 화가 난 채로 또는 우울한 기분으로 식당에서 나왔을 것이다. 어떤 감정을 느끼든지 내가 사랑을 많이 받고 있으면 있을수록 나를 갇혀 있게 만들 수도 있는 상황에서 창의적인 해결책이 보일 때까지 더욱 주의 깊게 귀를 기울일 수 있다.

화와 우울의 단계뿐 아니라 모든 단계를 통해서 우리는 어떻게 상처를 입게 되었는지 전 과정을 탐색하고 폭력적인 상황에 대하여 능동적으로 보복하거나 수동적으로 참고만 있지 않고 창의적인 방법을 찾아 대응할 수 있다. 예수님은 우리 자신의 건강과 인간관계의 건강을 유지하면서 동시에 많은 사회적 문제들을 치유할 수 있는 용서의 방법으로 세 번째 길을 제시하셨다. 용서가 다른 뺨을 내주는 것이든, 속옷을 내주는 것이든, 1마일을 더 걸어가는 것이든, 손님들을 샐러드 바까지 동행하는 것이든, 아니면 이보다 훨씬 더 놀라운 어떤 것을 의미하든 가장 건강한 용서의 핵심에는 창의적 해결책이 있다.

다음 여러 장에서 우리는 용서에 대한 다양한 예를 들 것이다. 4장에서 8장에 등장하는 존의 일은 우리가 일반적인 기준으로 보아서는 충분히 용서했다고 볼 수 있으나 적절한 창의적 해결책을 찾지 못한 예이다. 이 예에서 우리는 용서의 다섯 단계가 제공하는 것을 놓쳤기 때문에 한 실수들에 대하여 이야기할 것이다. 10장의 '토마토 전쟁'에서는 우리가 어떻게 다섯 단계를 통하여 제대로 창의적 해결책을 찾았는지에 대해 이야기할 것이다. 우리는 용서의 다섯 단계가 당신 안의 창의성을 더욱더 많이 불러일으키기를 바란다.

가장 보트에 태우고 싶지 않은 사람은 누구인가?

캐리비안 크루즈 여행 중이라고 상상해 보자. 내가 탄 유람선이 가라앉아 구명보트를 타고 노를 저어 파라다이스라는 무인도로 가고 있다. 내가 그 보트에 가장 태우고 싶지 않은 사람은 누구인가? 그 사람과 무인도에서 함께 산다고 생각하면 어떤 느낌이 드는가?

아마도 그 사람은 내게 상처(아직 치유되지 않은)를 남긴 사람일 것이다. 앞으로 용서의 다섯 단계를 살펴보는 동안 그 사람에 대한 자신의 감정에 머물러 볼 수 있다.

4. 부정

　실제 삶의 현장에서 상처를 치유하는 용서의 다섯 단계 과정은 어떻게 드러날까? 다음은 우리가 경험한 상처에 관한 이야기이다. 이 이야기의 세부 사항에 대해서는 실제 있었던 일에 비해 대략적으로만 묘사했다. 여기서 중요한 것은 사건의 세부 사항이 아니라 용서의 과정이다. 성격이 매우 다른 우리 셋은 각자 다른 방식으로 용서의 과정을 경험했다. 우리는 이 책을 읽는 대부분의 독자들이 우리 셋이 상처를 다루는 세 가지 방식 가운데 적어도 한 가지에서 공통점을 발견할 수 있기를 바란다. 다음은 이 사건의 요약이다.

　몇 년 전 우리는 그리스도인 강연회에서 강의를 했는데 그 강의를 녹음한 테이프는 후에 그 강연회를 후원한 기관에 의해서 미국 전역으로 보내졌다. 그리고 얼마 지나지 않아서 강연회의 준비와 진행을 맡았던 코디네이터는 한 작가(앞으로 우리가 존이라고 부른다)의 분노와 비난으로 가득 찬 편지의 사본을 우리에게 보내 주었다. 우리는 강의 때 존이 쓴 이야기들 중 치유에 관한 이야기 하나를 인용했으며 당연히 그 출처를 명확히 밝혔는데, 그는 우리가 자신의 이야기를 남용했다면서 그 부분을 테이프에서 삭제할 것을 강력히 요구했다.

우리가 존의 이야기를 잘못 전달했을 가능성이 있음을 생각하며 매우 괴로워했고 그래서 본래 그 이야기가 실렸던 잡지 기사를 다시 읽었다. 우리가 세부 사항 하나를 정확히 기억하지 못한 것은 맞지만 그래도 그 이야기에 대한 우리의 해석은 전체적으로 적절해 보였고 다른 많은 독자들도 우리가 이해한 것처럼 이해했을 것으로 보였다.

그러나 우리는 존을 만족시키기 위해 무엇이든지 할 준비가 되어 있었다. 마태오는 자신이 실수를 하지는 않았는지 걱정했고, 쉴라는 누군가가 자신의 본뜻을 알아주지 않을 수도 있다는 것에 수치심을 느꼈고 자신이 존의 가혹한 비판을 받을 만하다고 생각했다. 그리고 데니스는 어떤 문제라도 생기는 것을 원하지 않았다. 이렇게 우리는 모두 '착한 사람'이고 싶었고 그래서 존에게 사과의 편지를 보내면서 테이프를 관리하는 사람에게 존의 이야기를 삭제하도록 요청하겠다고 안심시켰다.

존은 우리의 사과에 감사하고 우리를 용서한다는 내용의 편지를 보내왔다. 우리는 상황이 더 나빠질 수도 있었는데 그리 크게 나빠지지 않은 것에 안도하면서 다시 일을 시작하려고 하였으나 일에 집중할 수 없다는 것을 깨달았다. 당시에는 알지 못했지만 우리는 우리가 입은 진짜 상처를 제대로 보지 못했다. 즉 우리가 존의 이야기를 인용한 것은 그를 존중했기 때문인데 그는 우리에게 직접 연락할 만큼 우리를 존중하지 않고 제3자에게 불만을 토로한 것이 우리에게 상처가 되었다. 그런데 우리는 일과 관련해서는 존에게 용서를 청했지만 인간적인 면에서 우리를 존중해 주지 않은 것에 대해서는 우리가 그를 용서할 필요가 있다는 것을 간과했는데 이것이 바로 부정의 단계였다. 이 단계에서는 전혀 상처를 입지 않은 척하거나 상처를 외면하거나 조금 덜 아픈 상처에만 초점을 맞추게 된다. 이러한 현재의 상처는 우리가 여전히 부인하면서 해결하지 못한 과거의 상처들, 특히 현재의 상처와 비슷한 상처에서 비롯된 오래된 고통을 건드린다.

나(마태오)가 부정의 단계에서 가장 피하는 것은 분노라는 감정이다. 나는 동네에서 가장 키가 작은 아이였고 늘 싸움에서 얻어맞았기 때문에 분노를 두려워한다. 나의 분노는 슬그머니 내 안에서 빠져나와 비뚤어진 액자와 씻지 않은 컵을 그렇지 않은 것에 비해 더 잘 알아차리는 부정적이고 비판적인 사람이 되었다.

나(쉴라)가 부정의 단계에 있을 때 가장 피하려고 하는 것은 수치심이다. 나는 어렸을 때 심한 비판을 받은 적이 있어서 스스로가 근본적으로 잘못된 사람이라고 믿으며 내재된 두려움으로 인해 수치심에 쉽게 압도된다. 수치심에 압도될 때 나는 요리나 내가 잘할 수 있는 것들을 하면서 분주하게 돌아다닌다.

나(데니스)가 부정의 단계에서 가장 피하려고 하는 것은 정면 대결이다. 어려서 나는 여러 번 정면 대결을 시도했는데 결국 덩치가 큰 아이들이 나를 식수대 위에 올려놓고 내가 틀렸다고 강요한 적이 있다. 어른이 되어서도 나는 정면 대결을 두려워한다. 지금도 무슨 문제가 생기면 나는 "일단 가서 놀고, 갔다 와서 처리하자."라고 말해 놓고, 결국에는 일을 제때 처리할 수 없도록 돌아오지 못할 상황을 만든다.

부정의 증상들

- 호흡이 얕아진다.
- 아무것도 느낄 수 없고, 아무것도 마음에 받아들일 여유가 없다(방금 읽은 내용이 무엇인지 모른다).
- 현재의 순간을 즐길 수 없다(딸기 맛을 제대로 느낄 수 없다).
- 내가 좋아하는 중독으로 돌아간다(나쁜 소식을 들은 후에 아이스크림을 폭식한다).
- 다른 사람들이 고통을 표현하려고 애를 쓸 때 나는 주제를 바꾼다.
- 다른 사람들의 고통에 과잉 반응한다(영화를 보면서 누구보다도 심하게 운다).
- 다른 사람들의 고통에 미온적인 반응을 한다(영화를 보면서 울지 않는 사람은 나 혼자뿐이다).
- 혼란스럽고 방향 감각을 상실한 것처럼 느낀다(일방통행로에서 반대편으로 차를 몰거나 주차한 곳을 기억하지 못한다).

- 침묵과 고립이 불편하다(TV를 하루 종일 켜 놓는다).
- 극도로 예민하고 불안하다(전화벨이 울릴 때마다 깜짝깜짝 놀란다).
- 내가 실제로 느끼는 것이 아니라 다른 사람들이 듣고 싶어 한다고 생각하는 말을 한다(담배 연기가 정말 싫은데도 담배를 펴도 괜찮다고 말한다).
- 삶이 밋밋하고 의미가 없는 것 같다(감사할 일이 떠오르지 않는다).

부정의 긍정적인 측면

- 너무 많은 고통을 한꺼번에 받아서 압도되는 것을 방지해 준다.
- 이미 일어난 일들을 다룰 수 있는 때와 장소를 확보할 때까지 미룰 수 있게 해 준다.
- 상처를 대면할 수 있는 힘을 얻는 데 필요한 치유의 사랑을 받을 시간을 제공해 준다.

부정이 건강에 미치는 영향

　부정은 직면해야 할 필요가 있는 감정들에 대한 충분한 작업을 하지 못하도록 방해함으로써 우리의 생명을 단축시킬 수 있다. 예를 들어, 전이성 유방암에 걸린 여성들은 대부분 2년 안에 사망한다. 그러나 43명의 여성 암 환자들은 그들이 부정해 오던 감정과 상처들에 대하여 이야기하고 서로를 지지하기 위하여 스탠퍼드 대학에서 주 1회 소그룹으로 만났다. 그들은 그런 모임을 갖지 않은 43명의 다른 여성 암 환자들보다 두 배 더 오래 살았다.

　반면에 부정은 우리가 압도되지 않게 해 주는데, 때로는 그것이 생명을 구하기도 한다. 예를 들어, 탄광에 갇힌 광부들 중 한 명만 시계를 가지고 있었고, 구조를 기다리며 광부들은 1시간이 지날 때마다 큰소리로 알려 달라고 부탁했다. 실제 시간은 본인만 알고 있었으므로 시계를 갖고 있던 사람은 동료들이 희망을 잃지 않도록 2시간이 지난 다음에 1시간이 지났다고 알려 주기로 마음먹었다. 구조대가 광부들에게 도달하는 데 일주일이 걸렸다. 그러나 시계 주인을 제외한 나머지 사람들은 모두 3일 반밖에 지나지 않았다고 생각했고, 모두 살아남았다. 하지만 시계 주인만 살지 못했다. 이는 실제 시간을 알고 있던 그가 일주일이 지났다는 사실을 부인할 수 없었고 구조대가 도착하기 전에 살기 위한 노력을 포기했기 때문이다.

부정 단계에서 나 스스로를 유혹하는 방법 – 상황 축소
- "상황이 그렇게 나쁜 것은 아니야."
- "이 상황에 대처할 수 있어."
- "이건 무시하면 사라질 거야."
- "이것에 대해 화를 내 다른 사람들이 신경 쓰게 해서는 안 돼."
- "평지풍파를 일으키지 마라." (긁어 부스럼 만들지 말라. 상황을 더 나쁘게 만들지 말라. - 옮긴이 주)

부정 단계에서 다른 사람들이 나를 유혹하는 방법 – 주의 분산
- "걱정하지 마. 다 잘될 거야."
- "시간이 약이야. 시간이 지나면 상처는 다 나을 거야."

- "다 잊고 이제 쇼핑하러 가자."
- "그 이야기는 하고 싶지 않아. 다른 기분 좋은 일에 대해서 이야기하자."

부정하는 나를 다른 사람들이 도울 수 있는 방법
- 나를 고치거나 변화시키려고 하지 말고 있는 그대로 사랑해 준다.
- 내가 무엇을 느끼고 있는지 경청하고 무엇을 들었는지 내게 말해 준다. 그러면 나는 이해받았음을 알게 될 것이다.
- 충격이 커서 지금 당장 무엇인가를 하기는 어렵다. 간단하고 실제적인 것들로 도와준다.

나 스스로를 돕기 위해 할 수 있는 것들
- 필요한 만큼, 즉 충분히 사랑받는다고 느껴서 상처의 고통을 직면할 수 있을 때까지 부정의 단계에 머물 수 있도록 스스로를 허용한다.

- 소속감과 사랑을 느끼고 받아들일 수 있는 상황을 찾아서 그 안에 머무른다.
- 내게 무엇이 필요하고 내가 무엇을 해야 하는지 알고 있다고 생각하는 사람들을 멀리한다.

부정 단계에서의 치유 과정

 부정의 단계에서 도움이 되는 질문들이 있다. 예를 들어, 이렇게 자문할 수 있다. "전화벨이 울릴 때 누구의 전화가 아니기를 가장 바라는가?" 또는 앞서 물어보았듯이 "무인도에 갈 때 함께 가기 가장 싫은 사람은 누구인가?" 부정의 단계에 있을 때 나(마태오)는 내가 화가 났다는 것을 인정하고 싶지 않다. 나는 162센티로 평생을 살면서 나보다 키가 큰 사람들과 화가 난 사람들에게는 내 화를 표현하지 못하고 삼키는 법을 배웠다. 나는 하느님과 사람들에게 사랑받는다고 느낄 수 있는 안전한 장소로 피신할 필요가 있고 그곳에서 부정의 과정을 지나 화를 직면할 수 있도록 도와주는 질문을 한다. "내가 가장 감사하지 않는 일은 무엇인가?" 나는 내가 부정하고 있을지도 모르는 상처들을 직면하기 위하여 매일 저녁 이 질문을 하려고 노력한다. 이 세 가지 질문들 중에 도움이 되는 질문이 있는지 살펴보고 부정의 단계에 있을 때 도움이 될 질문을 스스로 만들어 본다.

5. 화

존과 편지를 주고받은 지 약 2주가 지났을 때 한 친구가 우리에게 전화를 해서 "나는 존의 편지를 받은 다음부터 너희들에 대해 많이 걱정하고 있어."라고 말했다. 우리는 왜 그 친구가 존이 코디네이터에게 보낸 편지의 사본을 받았는지 알 수 없었기 때문에 매우 혼란스러웠다. 그러나 곧 우리는 그 친구가 받은 것은 다른 편지라는 것을 알게 되었다. 그가 받은 편지는 존이 테이프에 녹음된 우리의 강의 내용 전부와 그것이 담고 있는 신학뿐 아니라 우리의 인격까지도 신랄하게 비판하는 매우 긴 편지였다. 며칠 후에 우리는 우리를 걱정하는 두 명의 다른 친구들에게서 그 편지의 복사본을 받았다. 그리고 마침내 우리는 존이 우리의 동료인 많은 전문가들을 포함하여 수백 명의 그리스도교 지도자들에게 같은 편지를 보냈다는 사실을 알게 되었다. 그 편지의 수신인에서 제외

된 사람은 당사자인 우리밖에 없는 것 같았다.

　더욱 놀라운 것은 존이 그 편지들을 쓴 날짜가 강연회 코디네이터에게 보낸 편지보다 앞선다는 것이었다. 이것은 곧 "당신들이 인용한 이야기를 테이프에서 삭제하라는 나의 요구에 당신들이 어떻게 응답하든지 나는 당신들을 비난하고 평판을 떨어뜨리기로 결정했다."고 말하는 것과 같았다. 여기서 더 큰 충격적인 일은 우리를 용서한다고 한 그의 편지였다. 우리는 친구들이 보여 준 존의 장문의 편지를 읽으면서 생각에 잠겼다. 이것이 존이 용서하는 방법이라면 우리는 용서받기를 원하지 않는다!

　우선 우리는 너무 충격을 받아서 이 일을 깊이 부정하고 있었는데도 정신이 나간 듯했다. 우리는 일어나고 있는 일을 믿을 수가 없었고 마침내 화가 났다. 정말 많이 화가 났다. 우리는 존이 우리의 신학에 동의하지 않는 것은 개의치 않았다. 그러나 우리를 화나게 한 것은 그가 우리를 한 인간으로서 냉혹하게 공격했고 또한 다른 사람들에게 편지를 돌리는 방식으로 공적으로 공격했다는 점이다. 우리는 궁극적으로 중요한 것은 우리에 대한 인간의 의견이 아니라 하느님의 의견이라고 우리 자신을 설득하며 상황을 합리화하려고 애를 썼다. 그러나 현실적으로 우리의 일이 우리에 대한 좋은 평판에 달려 있었으므로 존의 편지가 우리의 평판에 끼쳤을 부정적인 영향에 화가 났다. 우리는 존의 비판 때문에 우리에 대한 신뢰도가 떨어져서 책, 테이프, 피정 등을 통하여 우리가 사람들에게 다가갈 수 있는 기회가 심각하게 줄어들 것을 매우 걱정했다.

화의 긍정적인 측면은 화로 인해 어디에 상처가 났는지 알게 되고 따라서 자신을 방어할 수 있게 되며 바로잡을 필요가 있는 것을 바로잡을 수 있는 힘을 가지게 된다는 것이다. 우리는 존에게 의견을 나누기 위한 개인적인 만남을 요청하는 편지를 보냈으나 그는 어떤 대답도 하지 않았다. 더 이상 무엇을 해야 할지 막막했던 우리는 우리의 친구이면서 존의 친구이기도 했던 폴을 찾아가서 우리를 대신해 전화를 해 줄 수 있는지 물어보았다. 폴이 전화를 했을 때 존은 폴에게 자신은 신학자가 아니기 때문에 우리와 이야기할 입장이 아니며 원만한 문제 해결을 위해서는 신학자들이 필요하다고 말했다. 공적으로 그리고 상세하게 우리의 신학을 공격했던 존이 이제는 자신은 신학자가 아니라서 우리와 대화할 수 없다고 주장하고 있었다.

그 후 여러 해 동안 존과 아무런 연락을 주고받은 적이 없었음에도 우리는 그가 대화를 거부한 것에 대하여 여전히 화가 나 있었다. 꿈틀거리는 화가 있다는 것은 용서의 과정을 너무 빠르게 통과했다는 것을 의미한다. 학대와 폭력의 상황에서 느끼는 화의 의미와 가치를 충분히 인정할 때 비로소 우리에게 용서할 권리가 있다는 것을 의식하게 된다. 폭력과 불의에 대한 화는 한 인간으로서의 고귀함과 존엄성의 표현이다. 진정한 용서는 우리의 고귀함의 원천인 우리 존재의 심연에서 우러나오는 것이기에 용서하기 위해서는 먼저 화를 존중하는 것이 필요하다. 곧 화를 소중하게 다루어야 한다.

화를 존중하는 방법은 화에 귀를 기울이는 것이다. 예를 들어, 존이 대화를 거절했을 때 그가 사는 곳이 멀었고 전화번호부에 연락처가 기재되어 있지 않아서 우리가 할 수 있는 것이라고는 거의 없었다. 그러나 폴이 우리 앞에서 전화했을 때 다이얼을 돌리는 것을 본 쉴라는 존의 전화번호를 기억하고 있었다. 우리가 분노 가운데 지녔던 환상 하나는 우리끼리 취침을 교대하면서 그가 대화에 동의할 때까지 15분마다 전화를 하는 것이었다. 하지만 그렇게 하는 것이 품위가 없고 보복적이라는 생각이 들어서 이 환상을 무시했다.

그러나 이 환상을 완전히 무시했기 때문에 우리는 이 환상이 지니고 있었던 긍정적인 측면을 알아차리지 못했다. 이 환상에 귀를 기울였더라면 우리는 "존이 너희들에게 끼친 해를 깨닫게 할 수 있는 방법을 찾되 악의적이거나 보복적이지 않고 품위 있는 방법을 찾아서 그가 잘못을 바로잡을 수 있도록 노력하라."는 메시지를 들을 수 있었을 것이다. 여러 해가 지나서야 우리는 그 당시에는 환상에 충분한 주의를 기울이지 못했기 때문에 떠올릴 수 없었던 창의적인 방법들을 생각해 낼 수 있었다. 분노의 단계에서 걸리기 쉬운 가장 일반적인 덫은 그 분노가 가장 필요로 하는 것이 무엇인지 잘 듣지 않고 화가 나는 대로 보복적인 행동을 하거나 화를 묻거나 학대를 삼켜 버리는 것이다.

우리는 화를 다 매장하지는 않았다. 분노의 일정 부분을 표현하고 마음의 평화를 찾는 하나의 방법으로 존의 편지와 우리의 강의 테이프의 복사본을 여러 신학자들에게 보냈고 그들은 우리의 신학이 올바르다는 것을 확인해 주었다. 그들 중 몇몇은 우리의 요청이 없었음에도 스스로 존에게 편지를 써서 우리를 지지해 주었다. 다른 사람들이 우리의 관점을 이해한다는 것과 그들이 우리를 대변하는 '통찰력 있는 증인'이 되어 준다는 것을 알게 되면서 우리의 화는 서서히 가라앉았다. 통찰력 있는 증인이란 우리의 말을 경청하고 우리의 감정과 경험을 알아주고 더 이상 상처를 받지 않도록 우리를 보호하고 상황을 바로잡을 수 있도록 도와주는 그런 사람이다.

화가 나면 쉴라는 상처를 준 사람의 잘못을 증명해 주는 증거들에 대해서 나열하는 편지를 썼고, 데니스는 마치 사람들을 대할 때 그들이 하찮고 무지하다는 듯이 신랄하게 비난하는 목소리로 대하며, 마태오는 극도로 조급해져서 3.5초마다 승강기 버튼을 누르고 식료품점 계산대에서는 계속 줄을 바꾸어 서며 논쟁 없이 경청하는 것을 어려워하는 반응을 보인다.

분노의 증상들

- 늦게 가기(좋아하지 않는 상대일 때), 이름 기억 못하기, 꾀병 결근, 끼어들기 운전, "네, 하지만…."이라고 말하기 등과 같은 수동·공격적 행동하기.
- 다른 사람의 말을 끊고 자신의 말로 끝맺기.
- 신호등 앞에서 속도를 내서 노란불이나 빨간불 통과하기.
- "그는 항상 …하다." 또는 "그녀는 절대로 …하지 않는다."와 같이 절대화하기.
- "뽑을 사람이 없는데 투표는 해서 뭐해."라고 하며 참여를 거부하기.
- (수십억 달러의 국방 예산과 범죄자에 대한 엄격한 처벌을 지지하면서) 다른 사람의 분노나 공격성에 대하여 크게 불평하기.
- 빈정거림("그가 생각할 능력만 있다면 위험인물이 되고도 남지."라는 식의), 험담, 부정적 유머로 사람들을 대하기.
- 하느님께 거리감 두기.

분노의 긍정적 측면

- 불의에 민감하다는 표지이다.
- 상처의 위치와 깊이를 알려 준다.
- 상처가 드러나고 치유될 준비가 되었음을 알려 준다.
- 바로잡을 필요가 있는 것을 바로잡도록 힘을 준다.
- 자기 자신을 보호하도록 도와준다.
- 우리의 힘과 열정과 존엄성에 집중하게 한다.

분노가 건강에 미치는 영향

　내 안에 갇힌 분노는 심장 질환에 영향을 줄 수 있다. 예를 들어, 듀크 대학의 의과 대학생들에게 이런 질문을 던졌다. "당신이 10개 이하의 물건만 신속하게 계산할 수 있는 소량 계산대에 줄을 서 있는데 11개를 가진 사람이 당신 앞에 있다면 어떤 기분이 들까요?" 그들의 대답은 상처를 부인하는 것에서부터 화를 내며 앙갚음을 하겠다는 데 이르기까지 다양했다. 분노 점수가 가장 높은 의과 대학생들은 50세가 되기 전에 사망할 확률이 그렇지 않은 학생들에 비해 7배 더 높았다. 심장병 사망률 예측을 위한 요인들 중에서 흡연, 고혈압, 높은 콜레스테롤 수치보다 더 정확한 요인은 분노였다.

그러나 내가 나의 분노와 더 친해져서 분노를 창의적으로 사용하면 분노는 내 생명을 구할 수도 있다. 예를 들어, 버니 시겔 박사의 환자들 중에 가장 생존율이 높은 '예외적인 암 환자들'은 분노가 가장 많은 환자들이었다. 이것은 그들이 자신이 경험한(특히 암 발병 전 1~2년 동안) 모든 상처와 상실에 대한 분노에 대하여 충분한 작업을 했기 때문이다. 이제 그들은 분노의 방향을 재설정해서 암을 이겨 내는 데 사용한다. 암에 대한 그들의 화는 삶에 대한 깊은 사랑에서 비롯한다. "100세까지 살기를 원합니까?"라고 질문하면 이 '예외적인 암 환자들은' 열정적으로 "네."라고 대답한다.

분노 단계에서 나 자신을 유혹하는 방법

- 스스로 다음과 같이 말함으로써 분노를 최소화하려고 노력한다.

  "더 나빴을 수도 있어."

"이것을 이겨 내야만 해."

"착한 아이는 화를 내지 않아."

"내 마음대로만 하고 싶어 하면 버릇없는 아이야."

"그리스도인은 용서해야 해. 그렇게 하지 않으면 예수님의 손에 못을 하나 더 박는 거야."

"그들은 절대로 변하지 않을 테니까 내가 어떻게 느끼는지 그들이 아는 것은 아무 소용도 없어."

- 나는 다음과 같이 말함으로써 분노를 극대화하거나 분노에 찬 행동을 한다.

"화낼 필요 없어, 그냥 복수해."

"내가 먼저 죽이지 않으면 그가 나를 죽일 거야."

"매를 아끼면 아이를 버릇없게 만들 거야."

"내가 느끼는 것과 똑같이 느끼게 해 줄 필요가 있어."

"아무도 믿을 수 없어."

"용서하면 다시 쉽게 상처 입을 거야."

분노 단계에서 다른 사람들이 나를 유혹하는 방법

- 분노를 부정하거나 수동적으로 행동하라고 부추긴다.

"조심하는 편이 나아. 토라지지 않는 편이 나아. 곧 산타클로스가 올 거야."

"화는 죄야."

"다른 사람이 네게 해 주기를 바라는 대로 다른 사람들에게 해 주어야 해."

"너에게 일어난 일이 나쁘다고 생각한다면 나에게 어떤 일이 있었는지 이야기해 주지."

"웃어 봐!"

그밖에 함께 쇼핑하러 가서 장난감과 먹을 것을 사 주고 대화의 주제를 바꾸는 것으로 내 주의를 흩어 놓으려고 한다.

- 내가 복수하도록 부추긴다.

"눈에는 눈, 이에는 이야."

"그를 고소해야 해요!"(변호사 광고문)

"그녀가 정신을 차리게 할 수 있는 유일한 방법은 누가 보스인지 알려 주고 본때를 보여 주는 거야."

"그가 저지른 범죄에 대해 값을 치르도록 재판을 받고 처벌을 받게 해야만 해."(잘못의 교정보다 사형을 지지함)

다른 사람들이 분노하는 나를 도울 수 있는 방법

- 나를 고치거나 변화시키려 들지 말고 있는 그대로 사랑한다.
- 이해받고 있다는 것을 알 수 있도록 내가 무엇을 느끼는지 잘 듣고 말해 준다.
- 내가 진정으로 화가 난 이유가 무엇인지, 그 상황을 변화시킬 수 있도록 내가 할 수 있는 것이 무엇인지 이해하도록 돕는다.
- 내가 전에도 지금처럼 느낀 적이 있는지, 그때는 무엇이 도움이 되었는지 내게 물어본다.
- 만일 내가 파괴적인 방법으로 분노를 표현하는 것을 스스로 억제하지 못한다면 다른 사람들과 나 자신에게 해가 되지 않도록 경계선을 마련해 준다.
- 적절히 나를 대신해 말해 주고 더 이상 내가 폭력을 당하지 않도록 개입해 준다.

나 스스로를 돕기 위해서 할 수 있는 것들

- 육체적인 운동을 한다(정원에서 땅을 판다).

- 내 몸이 화를 어떻게 표현하고 싶은지 귀를 기울이고 나 자신과 다른 사람들에게 해가 되지 않는 선에서 화를 표현할 방법을 찾는다(누군가가 내 삶을 침범했고 그 사람을 내 삶에서 밖으로 던져 버리고 싶다면 적당한 돌을 찾아 힘껏 던져라).*6
- 상처를 준 사람에게 편지를 쓴다(그 편지를 보낼지 안 보낼지는 나중에 결정한다).
- 이해심을 가진 사랑스러운 친구와 이야기를 나눈다.
- 전에도 이렇게 느낀 적이 있는지 자신에게 물어보고, 과거의 상처(현재의 상처로 인해 자극을 받아 떠오른)에서 느끼는 화를 느낀 채로 사랑받을 수 있도록 스스로 허용한다.
- 상대방을 탓하지 말고 직면한다("네가 ~라고 했을 때, 나는 ~라고 느꼈고 그래서 나는 ~가 필요해."라고 말한다).
- 때로 우리가 직면해야 하는 대상은 하느님이다. 하느님께 화를 낼 수 있도록 스스로를 허용한다. 그리고 그 화에 대하여 하느님과 또 다른 사람들과 이야기를 나

---

*6 상대에게 해가 되지 않는 방법을 찾아서 화를 푸는 방법 가운데 다소 폭력성과 연결된 형태들(샌드백을 치거나 물건을 부수거나 돌을 집어 던지는 행위 등)은 반복해서 사용하게 될 경우에 또 다른 문제(예를 들어 그 방법으로 풀 수 있는 상황이 아닌 경우에 있을 때)를 일으킬 수 있는 위험성이 있기에 주의할 필요가 있다. - 옮긴이 주

눈다.
- 알코올 중독자의 '성인 자녀 모임'(ACA 또는 ACOA)과 같은 지지 그룹에 참석한다.
- 음주 운전 반대 어머니회(음주 운전자에 의해 사망한 자녀가 있다면), The Link-Up(성직자에 의한 성폭행을 당한 적이 있다면), 국제사면위원회(고문을 당한 적이 있다면)와 같은 운동에 참여한다.
- 내가 잃어버린 것, 회복되는 데 필요한 것들을 가진 사람들과 어울린다(아버지가 나를 사랑해 줄 수 없다면 내게 적절한 부성애를 줄 수 있는 건강한 아버지와 같은 사람을 찾는다).
- 화(또는 다른 감정)에 압도된다고 느껴지면 전문적인 도움을 받는다.

분노 단계에서의 치유 과정

1) 하느님 또는 가장 친한 친구처럼 나를 사랑하는 사람

과 함께 있다고 상상한다.

2) 내가 받은 상처와 분노의 감정을 느껴 본다.

3) 모든 분노를 표현하면서 상처에 대한 감정을 하느님 또는 가장 친한 친구와 나눈다. 내가 잃은 것과 필요한 것에 대해서도 나눈다. 말 대신에 편지로 대체할 수도 있다. 글로 쓸 때는 마치 그 일이 바로 지금 일어나는 것처럼 현재형으로 쓴다.

4) 하느님 또는 친한 친구가 어떻게 응답하는지 잘 듣는다. 편지를 썼다면 하느님 또는 친한 친구가 내게 보내올 답장도 써 본다.

5) 하느님 또는 친한 친구가 당신을 사랑하는 방식을 알아차리고 수용한다.

6. 거래

 용서의 과정에서 거래(만일 ~한다면 너를 용서하겠다)는 앞으로 한 걸음 나아가기 전에 우리가 상대방에게 진정으로 원하는 변화를 요구하는 것이다. 우리의 거래 내용을 알아내는 가장 쉬운 방법은 상대방에게서 받고 싶은 이상적인 사과의 편지를 내가 써 보는 것이다. 예를 들어, 우리가 존에게서 받고 싶은 이상적인 편지는 다음과 같다.

 여러분과 문제가 생겼을 때 여러분에게 먼저 연락을 드리지 않아서 죄송합니다. 여러분과 먼저 대화를 했더라면 여러분의 신학적인 측면에 대한 저의 공격이 정당하지 않다는 것을 알았을 것입니다. 더 나빴던 것은 여러분에 대하여 인신공격을 한 것인데 그것은 전혀 근거가 없는 부당한 행위였습니다. 동봉하는 편지는, 여러분을 인신공격하는 내용의 편지를 보냈던 수백 명의 사람들에게 다시 보낼 사과의 편지입니다. 읽어 보시고 더 필요한 부분에 대한 수정이나 제안을 주십시오. 이번 경우와 같은 일이 다시 또 생긴다면 저는 여러분에게 직접 연락을 할 것입니다. 그리고 여러분도 저에게 그렇게 해 주시면 좋겠습니다.

이 이상적인 사과 편지에서 우리는 우리에게 필요한 것 두 가지를 표현했다. 첫째는 존이 우리와 직접 대화를 했어야 했다는 점이고, 둘째는 그가 공적인 사과 편지를 써야 한다는 것이다. 우리에게 필요한 것이 있다고 해서 우리가 언제나 거래하는 것은 아니다. 하지만 우리의 필요를 충족시키는 것이 용서의 전제 조건이 되면 거래인 것이다. 우리는 '당신이 우리와 직접 대화를 한다면 그리고 공적인 사과 편지를 쓴다면 그때만 당신을 용서할 것이다.'라고 생각했으므로 그 두 가지 욕구는 거래 조건이 되었다. 거래는 우리가 왜 여전히 화가 나 있는지 뿐만 아니라 치유 과정을 시작하기 위해서 우리에게 필요한 것이 무엇인지를 꼭 집어서 알려 주기 때문에 근본적으로 건강한 것이다.

직접적인 대화를 원한다는 첫 번째 거래 조건은 앞으로 존이 우리에게 볼 일이 생기면 반드시 우리와 먼저 대화를 하게 만들고 싶다는 필요를 드러내 준다. 이 거래 조건이 성사되면 불필요한 오해를 방지할 수 있을 것이라고 생각했다. 두 번째 거래 조건은 존이 공식적인 사과 편지를 씀으로써 그가 훼손한 우리의 평판을 회복시켜야 한다는 필요를 드러내 준다. 이 두 번째 거래 조건의 성사가 필요했던 것은 혹시라도 존의 편지를 받은 수백 명의 그리스도교 지도자들이 그의 비판을 믿어 우리의 피정 사도직이 위협을 받게 될까 두려웠기 때문이었다. 앞으로 우리에게 피정 지도를 원하는 사람들이 있을까? 존의 편지 때문에 이미 두 건의 강연회가 취소되었는데 다른 일정들도 취소되는 것은 아닐까?

우리에게 해를 끼친 사람들이 우리가 바라는 것을 해 줄 수 없거나 그럴 마음이 없더라도, 우리는 그 거래 조건에 귀를 기울여야 한다. 거래 조건은 우리가 어떤 방식으로 치유될 수 있는지 보여 주고, 다른 방법으로라도 조건이 성사되도록 우리의 마음을 열 수 있기 때문이다. 예를 들어, 우리가 존의 공식적인 사과 편지를 원했던 이유는 우리의 명성이 손상되었을까 걱정이 되었으므로 우리의 사도직이 계속될 수 있다는 확신이 필요했기 때문이었다. 그런데 우리에게 배달된 다른 우편물이 그 역할을 해주었다. 우리는 앞에서 언급한 신학자들에게서 걱정하지 말라는 편지를 받았고 존의 편지를 읽고 우리를 염려해 준 다른 많은 사람들의 편지를 받았는데 거기에는 우리와 우리의 사도직에 대한 신뢰와 지지가 담겨 있었다.

이 시점에서 우리는 둘 중 하나를 선택할 수 있었다. 하나는, 존이 변화하고 사과해야만 모든 것이 제자리를 찾을 것이라고 계속 고집하는 것이었고, 또 다른 하나는 우리에게 진정한 치유를 가져다줄 사람들이 보내는 생명의 기운을 받아들이는 것이었다. 상처를 준 사람이 우리보다 먼저 변화할 때까지 꼼짝하지 않겠다는 선택을 한다면 우리는 자신의 행복을 그 사람의 처분에 맡김으로써 피해자로 남기로 선택하는 것이다. 그런데 안타깝게도 우리에게 상처를 준 사람들은 보통 자신들의 상처가 너무 깊어서 자유롭게 변화를 선택하지 못하는 경우가 많다.

그 일 이후 여러 해가 지난 지금 당시의 상황을 돌이켜

보면서 우리는 존이 변화한 것은 아니었지만 우리가 최선을 다해서 그를 용서했던 것에 대하여 기쁘게 생각한다. 하지만 동시에 우리는 용서의 과정에서 월터 윙크가 제시한 예수님의 '세 번째 길'을 발견하지는 못했었기 때문에 우리의 용서가 완전하지 않았음을 이제는 안다. 존은 처음에 강연회 코디네이터에게 편지를 보내 우리를 공격했고, 다음에는 수백 명의 그리스도교 지도자들에게 편지를 보내 처음보다 훨씬 더 강력하게 우리를 공격했다. 즉 우리의 오른쪽 뺨을 두 번이나 때리며 모욕했는데 우리는 그것을 그냥 내버려 두었다. 그때 우리는 왼쪽 뺨을 돌려대어 인간으로서의 존엄성을 되찾을 줄을 몰랐다. 용서를 할 때 도전이 되는 것은 보복하지 않는 동시에 왼쪽 뺨으로 돌려대는 것이다. 즉 더 이상의 학대를 당하지 않도록 자신을 보호하기 위하여 할 수 있는 모든 것을 하는 것이다.

  용서 과정의 각 단계는 하나의 이야기 속에 나누어진 여러 장과 같다. 전체 이야기는 우리에게 일어난 일을 들려주고 그래서 지금 우리에게 필요한 것이 무엇이며 그것을 어떻게 얻을 것인가를 말해 준다. 전체 이야기를 듣는 과정에서 창의력이 촉진되고 그럼으로써 우리는 왼쪽 뺨을 대 주는 방법, 즉 창의적인 세 번째 방법을 발견할 수 있다. 예를 들어, 우리가 무조건 분노를 묻어 버리기보다 존의 전화번호를 알게 되었을 때 15분마다 그에게 전화를 하는 분노에 찬 환상에 주의를 기울였더라면 어떠했을까? 그랬다면 아마도 우리는 그 환상이 말해 주는 "존이 너희들에게 어떤 해를 끼쳤는지를 알게 하는 창의적인 방법을 찾아라." 하는 메시지를 들을 수 있었을 것이다.

창의적인 방법 중 하나는 다음과 같은 거래를 성사시키는 것일 수도 있었다. "존, 당신이 편지를 보낸 수백 명의 사람들에게 우리의 입장을 전할 수 있도록 그들의 주소 목록을 우리에게 넘겨야만 우리의 강의 테이프에서 당신의 이야기를 삭제할 것입니다." 우리는 테이프에서 잘못된 세부 사항을 바로잡고 '이 이야기에 대한 우리의 해석은'이라는 말로 편집을 하는 것이 존에 대한 도덕적 의무를 다하는 것이라고 믿었다. 테이프에 그의 이야기를 계속 실어 놓음으로써, 우리는 그가 자신의 명예를 존중받기를 원한다면 그도 역시 우리의 명예를 존중해야만

한다는 것을 상기시킬 수 있었을 것이다. 하지만 그 당시 우리는 용서의 단계 중 다른 네 단계는 물론, 거래의 단계에 주의를 기울일 줄 몰랐기 때문에 이런 생각을 하지 못했다. 따라서 우리의 '용서'는 존이 우리를 짓밟아도 되는 사람으로 취급하도록 허락하는 계기가 되고 말았다. 용서는 우리에게 상처를 입히는 사람의 학대 행위를 참아야 한다는 것을 의미하는 것이 아니라 우리 자신뿐 아니라 그 사람도 사랑할 수 있는 건강한 방법을 찾아낸다는 것을 의미한다.

물론 용서는 상대방이 우리의 거래 조건을 수용하든 안 하든 우리가 상대방을 묶어 두지 않는다는 것을 의미한다. 그렇지 않으면 우리가 그 사람에게 묶여 있게 될 것이기 때문이다. 따라서 용서를 하려면 거래를 성사시키기 위하여 할 수 있는 모든 것을 지속적으로 해야 한다. 존의 경우처럼 우리의 거래 조건 가운데 어떤 것은 그 자체가 창의적인 해결책으로써 우리로 하여금 비폭력적인 개입이라는 예수님의 세 번째 방법을 따를 수 있게 해 준다.

거래라는 개념은 경계선이라는 관점에서 볼 수 있다.

경계선은 다른 사람들이 우리를 대하는 방법에 제한을 둠으로써 우리 자신의 존엄성을 보호하는 방법이라고 할 수 있다. 우리는 상대방에게 우리의 경계선이 어디까지인지 분명히 알려 주고, 호의를 베풀 수 있다. 우리의 경계선 가운데 하나는 다른 사람이 우리를 쉽게 학대하도록 내버려 두지 않는다는 것이다. 존의 일이 있은 후 나중에 알게 된 사실이지만 존은 우리에게 했던 것과 같은 방식으로 다른 사람들을 대하는 습관을 가지고 있었다. 즉 당사자에게 먼저 알리거나 직접 접촉하지 않고 어떤 성직자를 공적으로 공격하고 난 후 그것에 대하여 대화할 것을 거절했던 것이다. 거래를 너무 빨리 포기함으로써 우리는 존이 그 자신의 행위의 결과에 대해 책임지도록 초대하지 못하였고 그가 또 다른 누군가에게 같은 행동을 할 가능성을 그대로 남겨 두었다. 그의 편지는 너무도 극단적이었기 때문에 궁극적으로는 우리의 명성보다 그 자신의 명성에 더 큰 해가 되었을 것 같다. 그는 우리를 부당하게 공격함으로써 스스로 많은 사람들의 신뢰를 잃었다. 우리는 그가 우리의 경계선을 존중하고 우리에게 보상하도록 요구할 만큼 충분히 우리의 거래 조건을 소중히 여기지 않았기 때문에 우리 자신뿐 아니라 그에게도 도움이 되지 못했다. 바버라 데밍의 표현을 인용하자면 우리는 "안 됩니다. 당신은 우리를 이런 식으로 대할 수 없습니다."라고 말하는 첫 번째 손을 소홀하게 사용했고 상대방을 진정시키기 위해 내미는 두 번째 손은 과도하게 사용했던 것이다. 다음은 우리 셋의 각기 다른 거래 조건들이다.

나(데니스) '상처를 입힌 사람이 사과를 하고 끼친 손해를 바로잡기 위한 조치를 취한다면 그를 용서할 것이다.'

나(마태오) '상처를 입힌 사람이 내가 옳다는 것을 인정하면 그를 용서할 것이다.'

나(쉴라) '상처를 입힌 사람이 나에게 공감하면서 귀를 기울이고 나의 감정을 이해한다면 그를 용서할 것이다.'

'~하면 (상대방을) 용서할 것이다.'를 포함하는 거래의 표현들

- (상대방이) **행동을 바꾸면**(예 - 시간 엄수, 체중 감량, 금연, 더 열심히 일하기 등)

- (상대방이) 처벌을 받으면(예 - 사형 선고를 통해 죄를 목숨으로 갚는다면)
- (상대방이) 충분히 고통을 받아 (잘못을) 깨닫는다면
- 내가 느낀 것을 (상대방이) 느끼게 된다면
- (상대방이) 자신이 초래한 파괴의 심각성을 알아차린다면
- (상대방이) 내게 보상을 한다면
- (상대방이) 다시는 그렇게 하지 않겠다고 약속한다면

거래의 건강한 측면들

- 거래는 분노의 목소리 역할을 함으로써 내가 무엇에 대하여 여전히 화가 나 있는지 그리고 치유의 과정을 시작하기 위하여 나에게 필요한 것이 무엇인지 정확하게 알려 준다.
- 거래는 나의 경계선을 표현한다. 이 경계선은 다른 사람들이 나를 대하는 방식에 제한을 둠으로써 나의 존엄성을 보호한다.
- 거래는 박해자가 행동의 결과를 책임지도록 초대한다.
- 거래는 그 자체로 비폭력적 개입이라는 예수님의 세

번째 길을 보여 주는 창의적인 해결책이기도 하다.

거래는 어떻게 건강에 영향을 미치는가

 내가 하는 거래 내용과 그 거래가 어떻게 나에게 경계선을 설정하고 나의 욕구를 표현하도록 돕는지에 주의를 기울이지 않으면 나는 다른 사람들을 돌보느라 모든 기력을 소진할 것이다. 예를 들어, 조지 솔로몬 박사는 에이즈 환자들의 장기 생존율을 측정하고 싶다면 그들에게 간단한 질문을 던져 답을 구해 보면 된다는 것을 알았다. 질문은 "나에게 도움을 요청하는 친구가 있는데 그가 요청하는 일은 내가 정말 하고 싶지 않은 일이다. 나는 그를 위해서 그 일을 할 것인가?"이다. "아니오."라고 대답한 사람들은 자신을 희생하면서까지 상호 의존적 codependently으로 다른 사람을 돌보는 것을 거절한 사람들로, 이들은 에이즈의 장기 생존자들이다.

 또한 나는 '~하면 당신을 사랑할 것이다.'라는 거래에 대한 치유 작업을 통하여 내가 진정으로 조건 없는 사랑을 원할 때 면역 체계가 훨씬 더 강화되는 것을 경험했다. 예를 들어, 죽어 가는 아이들을 사랑으로 돌보는 마더 데레사 수녀에 관한 영화를 본 학생들에게서 감기 및 염증과 싸우는 면역 글로불린 A의 급증이 관찰되었다. 또한 학생들이 단순히 두 가지 생각, 즉 그들이 과거에 누군가에게서 깊은 사랑과 돌봄을 받았다고 느낀 때와 (아무 거래 조건 없이) 다른 사람을 무조건적으로 사랑한 때를 떠올렸을 때 면역력 강화가 관찰되었다.

거래 단계에서 자기 자신을 유혹하는 방법
- 거래 조건으로 드러난 나의 욕구들을 물리치면서 없는 티를 내서는 안 된다고 자신을 타이른다.
- 상처를 입힌 사람이 내 경계선을 침범한 것에 대하여 책임을 지도록 요구할 수 없는, 너무 빈약한 거래를 한다.
- 나의 거래 조건이 충족될 수 있는 방법이 없다고 속단함으로써 그 거래 조건이 담고 있는 창의적인 문제 해결 가능성에 주의 깊게 귀를 기울이지 않는다.
- 상처를 준 사람이 내 거래 조건을 받아들이지 않으면 그 상처에서 회복하는 것이 불가능하다고 생각한다.

거래 단계에서 다른 사람들이 나를 유혹하는 방법

- "착한 그리스도인은 조건 없이 용서하는 거야."
- "너에게 필요한 것이 있다는 것은 네가 상호 의존적 codependent이라는 거야."
- "너에게 상처를 준 사람은 책임을 지거나 보상을 할 능력이 없어. 그러니까 그렇게 하게 만들려고 시도도 할 필요 없어."
- "너에게 상처를 준 사람은 그것에 대해 당연히 값을 치러야 해. 그들이 빠져나가게 해서는 안 돼."

내가 거래할 때 다른 사람들이 나를 도울 수 있는 방법

- 나를 고치거나 변화시키려 하지 말고 있는 그대로 사랑한다.
- 내가 느끼는 것에 귀를 기울이고, 들은 것을 나에게 반영해 줌으로써 내가 이해받고 있다는 것을 알게 한다.
- 내가 나의 거래에 담겨 있는 욕구를 발견하고 그 욕구를 충족시킬 방법을 발견하도록 도와준다.
- 건강한 경계선을 가질 권리가 있다는 것을 나에게 확

인해 준다.
- 처음에는 나의 거래 조건이 황당해 보일지라도 그것이 어떤 창의적인 해결 방법을 함축하고 있는지 나와 함께 상상해 본다.

내가 나를 돕기 위해서 할 수 있는 것들
- 나의 거래에는 도움이 될 멋진 메시지가 포함되어 있다는 전제 아래, 그 조건들을 경청한다.
- 자신의 욕구를 잘 알고 있고 건강한 경계선을 가진 사람들과 어울린다.
- 거래에서 드러나는 나의 욕구의 충족을 도와줄 수 있는 사람들에게 도움을 청한다. 그렇게 함으로써 나에게 상처를 준 사람의 응답 여부에 의존할 필요가 없어진다.
- 익명의 상호 의존인 모임 Codependents Anonymous에 참가하라. 거기서는 모임의 구성원들이 건강한 경계선을 만들 수 있도록 서로 격려한다.
- 더 이상 거래를 하지 않기로 하고 다음 단계로 옮겨 갈

준비가 되었다면, 내가 상처를 주었던 사람이 용서를 통하여 나에게 새 생명을 준 때를 회상해 본다.

거래 단계에서의
치유 과정

1) 하느님 또는 가장 친한 친구처럼 당신을 사랑하는 사람과 함께 있다고 상상한다.
2) 상처를 대면하고 그 상처에 대해서 느끼는 모든 것을 그 사람과 나눈다.
3) 나에게 상처를 준 사람에게서 받기를 바라는 이상적인 사과 편지를 써 본다.
4) 그 편지에서 자신의 욕구 한두 개를 찾아본다.
5) 내가 필요한 것을 얻도록 내게 상처를 준 사람이나 또 다른 사람들이 어떻게 나를 도와줄 수 있는지 자문해 본다.
6) 나의 욕구를 충족시키기 위해 필요한 말이나 행동을

하는 자신의 모습을 상상하면서, 심호흡을 하며 스스로를 생명의 숨결로 가득 채운다.

7. 우울

일단 우리가 하는 거래를 의식하고 그것이 함축하고 있는 욕구를 대면하기 시작하면 우리는 종종 우울의 단계로 이동한다. 이제 (분노의 단계에서 한 것처럼) 다른 사람을 탓하는 대신 우리 자신을 탓한다. '그런 상처를 받기 전에, 받는 중에, 받은 후에 내가 더 잘했어야 하는 것은 무엇일까?'라고 자문한다. 우울의 단계는 우울한 중에 우리가 자신의 실수를 알아내고 자신에게 필요한 변화와 보상의 행동을 할 힘을 발견할 수 있다는 면에서 가치가 있으며 이것은 건강한 죄책감이다.

우울 단계의 위험은 실수에 대한 건강한 죄책감 대신에 잘못된 죄책감을 느끼는 데 있다. 잘못된 죄책감이란 자기 잘못이 아닌 실수에 대해서도 자신을 탓하는 것이다. 극단적인 예는 과도한 죄책감에 빠져 유독성 수치심toxic shame을 느끼게 되는 경우이다. 유독성 수치심이란 내 존재 자체가 실수이고 따라서 나는 더 나은 대접을 받을 자격이 없다고 느끼는 것이다. 왜곡된 죄책감이나 유독성 수치심을 느낄 때 쉽게 우울이라는 덫에 갇힐 수 있다. 그러한 수치심은 우리에게 필요한 사랑과 용서를 받을 자격이 없다고 느끼게 만들기 때문이다.

우울의 단계에서 우리는 "존이 말한 것들이 사실이 아닐까? 보상해야 할 실수를 저지른 것은 아닐까?"라고 자문했고 두 가지를 생각해 냈다. 첫째, 우리는 존의 이야기를 인용할 때 세부 사항을 정확하게 기억하지 못했다. 강연을 준비할 당시 우리는 여행 중이었고 원래 그 이야기가 실려 있던 존의 글을 가지고 있지 않았다. 우리 셋 모두 그 이야기를 정확하게 기억한다고 생각했기 때문에 집에 돌아와서도 존의 글을 확인하지 않았다. 우리는 그러한 부주의함이 마음에 걸렸고, 이는 건강한 죄책감이었다. 이 죄책감은 우리의 잘못에 대해 보상을 하고 존의 용서를 구하는 동기가 되었다. 우리에 대한 존의 태도와 상관없이 우리 셋은 강연 테이프에서 그의 이야기를 삭제하지 않고 잘못된 세부 사항을 수정해 보상하는 데 동의했다. 우울의 단계에서 건강의 열쇠는 정직하게 자신의 실수를 인정하는 동시에 사람들의 사랑과 용서(우리에게 편지를 보내고 지지해 준 많은 사람들과의 관계에서 그랬듯이)를 받아들이는 것이다.

둘째, 우리는 존의 이야기를 잘못 해석한 것에 대하여 스스로를 탓했다. 우리 셋은 모두 극도로 양심적이고 '착한' 것에 지나칠 정도로 헌신적인 사람들이었기 때문에 우리의 책임이 아닌 것들에 대해서도 자신을 탓하는 경향이 있었다. 지금 생각해 보면 존의 이야기가 우리의 해석처럼 풀이될 가능성이 가장 많음을 알 수 있다. 따라서 그에게 사과하는 대신에 그가 이야기를 전달하는 방식이 분명하지 않다고 말해 주었어야 했다. 그에게 그 이야기를 더 명확하게 쓰든지 아니면 그 이야기를 삭제하라고 충고할 수도 있었다. 그러나 그 당시 우리는 건강한 죄책감이 아니라, 모든 책임을 우리에게 돌리는 왜곡된 죄책감을 느끼고 있었다.

우리가 상처를 입었을 때 걸리는 일반적인 덫은 (분노에 사로잡힌) 앙갚음과 복수가 아니다. 오히려 덫은 (우울감에 사로잡혀) 화를 삼켜 버리고 자학하고 상대방의 학대를 수동적으로 받아들이는 것이다. 즉 우리 자신을 보호하는 용서의 첫 번째 손은 충분히 사용하지 않고 다른 사람을 위한 두 번째 손만 과도하게 사용하는 경향이 있다.

존과의 문제에서 우리는 우울의 단계에 갇혀 있었고 그것은 우리가 예수님의 창의적인 세 번째 방법을 찾는 것을 방해했다. 우울의 단계에서는 다른 사람들의 실수가 아니라 자신의 실수에 대한 책임만 지면서 자신을 향한 사랑을 받아들일 때 치유가 일어난다.

나(마태오)는 우울할 때 컵의 반이 차 있다고 생각하기보다 비었다고 생각하는 경향이 있고 일이 잘못될 수도 있다는 생각에 몰두한다. (우울하지 않을 때도 일들이 잘못될 수 있다고 생각하지만 실제로 그렇게 될 것이라고 믿지는 않는다.)

나(쉴라)는 우울할 때 하루 종일 요리를 한다. (우울하지 않을 때도 그렇게 하기는 하지만 우울할 때만큼 많은 그릇을 쓰지는 않는다.)

나(데니스)는 우울할 때 짜증이 난다. 그래서 쉴라가 요리하면서 그릇을 많이 사용한다고 불평한다.

우울의 증상들
- 평소보다 덜 자든 더 자든 더 피곤하다.

- 숨을 깊이 쉬지 못한다.
- 페퍼로니 피자가 맛있어 보이지 않거나 한판을 다 먹어 버릴 때까지 멈추지 않는다.
- 밝은 색 옷을 입고 싶지 않다.
- 시간이 빨리 지나기를 바라면서 자꾸 시계를 쳐다본다.
- 거울에 비친 내 모습이 마음에 들지 않는다.
- 새로운 것들을 상상하거나 시도해 보는 것이 어렵게 느껴진다.
- 상황을 바꾸어 보려고 시도하는 모든 것이 오히려 상황을 더 나쁘게 만들 것 같은 무기력감을 느낀다. '어쩌다가 이런 상황을 자초했을까?'라고 생각한다.
- 비판에 지나치게 예민하고 사람들이 인정해 주기를 갈망한다.
- 사실 모든 요청에 '아니요'라고 말하고 싶은데, 사람들이 내가 하고 싶지 않은 일을 해 달라고 할 때도 '아니요'라고 말할 수 없다.
- 상처를 준 사람들을 친절하게 대하거나, 쌍방이 모두 원하지 않는 일을 상대편을 위해서 해 주느라고 무척 애를 쓴다.

- 전화벨이 울리지 않기를 바란다. 나를 그냥 내버려 두기를 바란다. 또는 누군가에게 매달리고 싶고 혼자 있는 것을 견딜 수 없다.
- 내가 원하는 것이 전부 불법적이거나 비도덕적이고 살을 찌게 하는 것이라고 생각한다.
- 세상의 종말이 다가오고 있다면 아마도 오늘이 그날일 것이라고 믿는다.

우울의 건강한 측면들
- 우울은 내가 진정한 죄책감을 인정하고 자신을 용서하고 바로잡을 수 있는 기회를 제공한다.
- 우울은 내가 상대방의 변화를 기다리는 피해자로 남기보다 내가 변화시킬 수 있는 것들을 직면하고 변화시킬 기회를 제공한다.
- 우울은 나에게 상처를 준 사람을 한 사람으로서 사랑할 수 있는 방법들을 발견하도록 도와주고, 그렇게 함으로써 내가 더 이상 사람을 가해자와 피해자로 양분하지 않도록 도와준다.

우울은 어떻게 나의 건강에 영향을 미치는가

만일 내가 우울의 단계에 갇혀서 무능감과 절망감에 압도되어 있으면 특히 심장 마비로 급사할 확률이 다른 때보다 높아질 수 있다. 나는 아마도 월요일 오전에 직장에서 사망하는 사람들의 75퍼센트와 집에서 사망하는 사람들의 50퍼센트와 같은 이유로 죽을 것이다. 월요일 오전은 다가올 한 주간 동안 어떤 일들을 처리해야 하는지 파악하는 때이고 이때 사람들은 가장 심한 우울과 스트레스에 압도된다. 심장 마비를 자주 겪는 사람들은 이러한 월요일 오전의 우울을 일주일 내내 경험한다. 그들은 보통 '너는 제대로 하는 일도 없고, 제 시간 안에 만족스럽게 해내는 일도 없다.'고 하는 스스로에 대한 가혹한 비난과 함께 살고 있다. 그러나 스탠퍼드 대학의 집단 모임에 참가하여 그들이 느끼는 것들을 서로 나눈 사람들은 심장 마비 재발률이 44퍼센트 감소했다.

우울할 때 자기 자신을 유혹하는 방법

- 상황이 더 나쁘게 될 뿐이야.

- 나는 ~했어야만 했고, ~해야만 하고, ~해야만 할 것이야.
- 그것에 대해 내가 할 수 있는 것은 아무것도 없어.
- 나는 절대로 ~할(이것을 극복할) 수 없을 거야. 그리고 나는 항상 ~할(비참할) 거야.
- 이미 ~하기에는 너무 늦었어.
- 다 내 잘못이야. 더 열심히 노력해야 해. 다시는 이런 실수를 하지 않을 거야.
- 내 실체를 알면 아무도 나를 좋아하지 않을 거야.
- 아무도 나를 이해하지 못 해.
- 치유하는 데 시간이 너무 오래 걸려. 이 고통이 사라지기는 할까?

다른 사람들이 나를 유혹하는 방법

- 그런 감정을 느껴서는 안 돼. 기운을 내.
- 예수님은 너를 위해서 십자가에서 죽으셨어. 그러니까 너는 네 자신을 용서해야 해.
- 네가 원한다면 뭐 그렇게 토라져 있든지.
- 다 네가 자초한 거야.

- 너는 잘못한 것이 없어. 다 그(그녀)의 잘못이야.

우울할 때 다른 사람들이 나를 도울 수 있는 방법

- 특히 스스로를 못 견뎌할 때 나를 고치거나 바꾸려고 하지 말고 있는 그대로 사랑해 준다. 내가 실수했을 때 나를 용서한다는 것을 내가 확실히 알도록 돕는다.
- 나의 느낌을 경청하고, 들은 내용을 내게 반영해서 이해받고 있음을 알게 한다.
- 내가 사랑받고 이해받고 있다는 것을 깨달으면 이전에도 그렇게 느낀 적이 있는지, 그때 도움이 된 것이 무엇이었는지 물어봐 준다.
- 당신도 실수를 한다는 것을 알게 해 준다.
- 나를 무기력한 피해자, 나에게 상처를 준 사람을 가해자로만 분류하지 않는다. 내가 나만의 속도로 보편적인 인간애를 발견할 수 있도록 지지한다.
- 변화시킬 수 없는 것들을 받아들이고 변화시킬 수 있는 것들은 변화시킬 수 있도록 나를 지지한다.
- 적절하다고 판단되면 나를 대신해서 말해 준다. 그리

고 내가 더 이상의 학대를 받지 않도록 개입하여 보호해 준다.
- 우울증이 심해져 일상적인 일들을 할 수 없게 되면 실제적인 도움을 준다. 내가 나 자신이나 다른 사람들을 상해할 위험이 생기면 전문적인 도움을 받도록 도와준다.

내가 나 자신을 도울 수 있는 방법

- 신체적인 운동을 한다(매일 산책을 한다).
- 영양가 있는 음식을 섭취한다.
- 특히 클래식 음악처럼 마음을 평온하게 해 주는 음악을 듣는다.
- 가능한 한 많은 시간을 아름다운 자연 환경이 있는 야외에서 보내고, 할 수 있으면 정원에서 일을 한다.
- 실내에 있어야만 할 때에는 자연을 내다볼 수 있는 창가에 앉는다.
- 집을 꾸밀 때 식물을 많이 두고, 가능하면 애완동물을 키운다.
- 매일 저녁 "오늘 나에게 가장 많은 생명력을 준 것은

무엇이지?" 자문해 보고 그것을 더 많이 한다.
- 나를 사랑하는 사람들의 목록을 만들고 가능한 한 자주 그들과 연락을 한다.
- 지지 집단에 참석한다.
- 하느님의 사랑을 받아들이는 데 가장 도움이 되는 방법으로 기도한다.

우울 단계에서의 치유 과정

1) 하느님이나 가장 친한 친구처럼 자신을 사랑하는 사람과 함께 있다고 상상한다.
2) 상처를 느껴 본다.
3) 스스로에게 다음 질문들을 한다. '그 상황에서 내가 했던 것들 중에 내가 감사하지 않는 것은 무엇인가?' '그 고통스러운 상황 전에, 상황 중에, 상황 후에 내가 다르게 했었더라면 좋았을 것은 무엇인가?'

4) 위의 질문들에 대한 답을 하느님이나 가장 친한 친구와 나누고, 하느님 또는 그 친구가 당신을 사랑하고 용서할 수 있도록 마음을 연다. 당신이 자신을 용서할 수 있을 때까지 그 사랑과 용서가 온몸을 가득 채우도록 깊이 숨을 쉰다.

5) 필요하면 내가 상처를 준 사람에게 보상을 한다.

8. 수용

 하느님과 친한 친구들의 도움으로 자신을 용서하고 실수를 보상할 수 있게 되면서 우리는 우울의 단계에서 벗어나 마지막 단계인 수용의 단계로 들어간다. 수용의 단계에서 우리는 상처로 인한 손상에 감사하는 것이 아니라 상처에서 태어난 새로운 생명에 감사한다. 그리고 하느님, 사람들, 우주, 자기 자신과 생명을 주고받는 새로운 성장의 경험을 하며 손상의 경험은 이에 비할 것이 못된다고 여긴다.

 여러 해가 지났지만 우리는 존과 있었던 일에 대하여 아직도 완전히 수용의 단계에 도달하지 못했다. 그때 건강한 방법으로 용서의 단계를 밟지 못했기 때문에 지금 우리는 각자 나름의 방식 안에서 용서의 과정을 완성할 필요가 있다. 당시 데니스는 어떤 희생을 치루더라도 평화를 유지하기 원하는 성향 때문에, 쉴라는 존에게 받은 무례한 대접이 자신에게는 당연한 것이라고 생각했기 때문에, 마태오는 우리를 향한 존의 맹렬한 분노를 통해서 그 자신도 다른 사람들에게 똑같이 무섭게 분노할 수 있다는 것을 깨달았기 때문에 아무것도 할 수 없었다.

그래서 지금 우리가 존을 완전히 용서하려면 그전에 먼저 하느님과 사람들의 도움을 받아서 각자 꼼짝달싹 못하고 갇혀 있는 내면 깊은 곳에서 자기 자신을 더 깊이 용서해야 한다. 하느님께서 항상 우리에게 주시는 무조건적인 사랑을 우리가 자기 자신에게 줄 수 있다면 존을 포함한 모든 사람들에게 우리가 받은 것과 같은 무조건적인 사랑의 용서를 제공할 수 있을 것이다. 데니스는 어떤 희생을 치루더라도 평화를 유지하려는 것에 대하여, 쉴라는 자신이 무례한 대우를 받아 마땅하다고 생각한 것에 그리고 마태오는 자신의 분노를 편안하게 받아들이지 못한 것에 대하여 각각 자기 자신을 용서해야 할 것이다. 우리 각자가 과거의 미해결된 상처를 지금까지 짊어지고 온 방법이 다른 것처럼, 지금 우리가 스스로를 가두는 방식도 각기 다르다. 우리에게 어떤 상처가 있는지 알고 싶으면 "전에도 이렇게 느낀 적이 있다면 그것은 언제인가?"라고 물어볼 수 있다. 그렇게 발견한 과거의 상처들을 치유하기 위하여 다섯 단계의 과정을 거칠 수 있다.

우리는 용서의 과정을 거치면서 좀 더 만족스럽게 수용의 단계로 들어갔다. 수용의 단계에서 우리는 존의 일로 생긴 상처가 여러 가지 면에서 새로운 생명을 가져다 주었다는 사실을 깨닫게 되었다. 첫째, 우리는 다른 사람들이 쓴 이야기를 인용할 때 다시는 실수를 하지 않겠다고 다짐했다. 그래서 지금은 이야기의 원저자에게 인용할 자료를 미리 보내어 정확한지 확인한다.

둘째, 우리의 친구들은 우리를 대신해 존에게 매우 많은 신학적 쟁점을 제시했지만 아무 소용이 없었다. 존은 우리의 입장을 결코 인정하지 않았다. 이것을 통해서 우리가 모든 사람을 만족시킬 수는 없다는 것을 알았고, 또한 앞으로 강연회의 청중과 책의 독자가 누구인지를 좀 더 주의 깊게 살필 필요가 있음을 깨달았다.

셋째, 이 일과 또 다른 경험들을 통해서 우리는 순수하게 신학적 견해에 대해 일치하지 못하는 것과 신학이라는 가면을 쓴 모욕적 행위 사이에 차이점이 있음을 깨달았다. 이제 우리는 우리의 신학을 비판하는 무례한 어조의 편지를 받으면 그 편지의 분위기를 통해서 그것이 신학 자체에 관한 것인지 그보다는 수치심을 자극하기 위한 것인지 알 수 있다(13장의 초점 기도를 참고하라). 존과의 경우에 그랬던 것처럼 신학적인 방어를 위해서 수십 쪽의 자료를 만드느라고 시간을 낭비하지 않고 우리는 '개인적인 공격을 중단하고 말하고자 하는 주제에 대해서만 초점을 맞추어 다시 편지를 보내 주기 바랍니다. 그러면 우리는 당신의 신학적 염려에 대하여 기꺼이 토론할 것입니다.'라는 짧은 내용의 편지를 보낸다.

넷째, 우리는 존의 공격에서 살아남았고 비판에 대하여 더 잘 대처할 수 있는 방법들을 배우고 있으므로, 논란의 여지가 있는 주제들에 대하여 더 용기 있게 이야기하고 글을 쓸 수 있다. 존이 비판한 강연의 주제는 이후 우리 책의 주제가 되었는데 강연을 할 당시에는 거의 처음 시도하는 주제였다. 그 강연의 주제는 우리의 여러 책 중에 가장 논쟁의 여지가 많은 「Good Goats: Healing Our Image of God」[*7]의 주제가 되었다. 존과의 일에 관련된

[*7] 「우리의 하나님 이미지 치유하기」, 최승기 역, 은성, 2007

모든 사람들과 대화를 하면서 우리는 그 주제에 대한 우리의 입장에 타당성이 있다는 것을 더욱 확신하게 되었다. 존이 제기한 의문점들에 관하여 연구 조사를 하면서 우리는 「Good Goats」라는 책 한 권을 쓰고도 남을 만큼 충분한 자료를 모을 수 있었다.

존으로 인한 상처를 통해서 얻은 선물이 무엇인지 생각하기 시작했을 때는 두 가지 밖에 떠오르지 않았다. 하지만 지금은 선물 목록에 위에서 언급한 네 가지가 적혀 있다. 수용의 단계와 같이 용서는 전 과정이 진행형이다. 우리가 자신을 더 깊이 용서하고, 현재의 상처에 의해서 자극을 받아 드러난 과거의 상처들을 치유하면서 우리는 더 많은 선물을 발견하게 될 것이며 그런 발견의 과정 안에서 수용의 깊이는 더 깊어지고 이에 따라 용서의 깊이도 더 깊어질 것이다. 이와 같이 상처에서 태어난 새로운 생명에 감사하는 만큼 우리는 더 깊은 치유를 경험하게 된다.

수용의 단계에서 데니스는 설거지와 같은 아주 작은 일들에 대하여 감사하고, 마태오는 컵의 반이 빈 것이 아니라 차 있다는 것을 보게 되고, 쉴라는 모든 피조물과 연결되어 있음을 느낀다.

수용의 다른 증상들

- 나에게 상처를 준 사람과 내가 관계를 유지하기로 함께 동의를 했든지 안 했든지 상관없이 나는 그 사람을 편안하게 느낀다.
- 나는 상처 자체나 상처가 초래한 손상이 아니라 상처가 가져온 새로운 성장을 볼 수 있기 때문에 감사한다.
- 아침에 잠에서 깨면 잘 쉬었다는 기분이 들고 소풍을 가기로 한 날 폭우가 쏟아지고 있어도 힘차게 하루를 시작한다. 열정을 느낄 수 있고 삶에 대한 꿈을 꿀 수 있다.
- 나는 치유가 가능하다는 것을 알고 있기 때문에 다시 상처를 입을 수도 있는 새로운 상황들에 대하여 위험을 감수할 용기가 있다.
- 나는 합리적인 요구에는 '네'라고 응답하기를 원한다. 하지만 내가 원하지 않는 것을 요구할 때는 자유롭게 '아니요'라고 말할 수 있다고 느낀다.

- 내가 어떤 감정을 느끼든 나는 나 자신을 기꺼이 사랑할 준비가 되어 있고, 실수를 했을 때는 나 자신을 기꺼이 용서할 준비가 되어 있다.
- 옷 색깔은 더 밝고 음식은 더 맛이 있고 음악은 더 아름답다. 나는 하고 있는 일을 서둘러 끝내기보다 매 순간을 즐긴다.
- 나는 사람들과 사랑을 주고받을 수 있다. 칭찬을 받을 때 '하지만…'이라는 응답보다 '고맙다'라고 응답을 할 가능성이 더 많다.
- 나는 나 자신과 다른 사람들, 하느님, 우주와 연결되어 있다는 일종의 소속감을 느낀다. 나는 모든 생명에 대하여 경이로움과 경외심을 느낀다.

수용은 건강에 어떻게 영향을 미치는가

내가 다른 사람들과의 관계에서 사랑과 수용을 많이 주고받으면 받을수록 나는 더 많은 활기를 얻을 수 있다. 예를 들어, 감기에 가장 안 걸리는 사람들은 신혼여행 중인 사람들이라고 한다. 신체적인 친밀성만 보면 둘 중 한 사람이 감기에 걸리면 다른 한 사람도 감기에 걸릴 확률이 높지만 그들의 모든 세포가 생명을 향해 있으므로 신혼부부의 사랑과 수용의 나눔은 그들의 면역 체계를 강화시킨다. 또한 출근하기 전에 아내와 키스를 하는 사람들은 그렇지 않은 사람들에 비해 순환기, 소화기, 간 기능, 불면증 등의 문제를 가질 확률과 교통사고를 당할 확률이 낮으며 5년을 더 살 수 있다고 한다. 이들의 배우자는 그렇지 않은 사람들의 배우자에 비해 체중이 덜 나간다고 한다. 이는 한 번의 키스를 하기 위해서 29개의 근육이 움직이면서 12칼로리를 소모하기 때문이며 이들에게는 주름도 덜 생긴다고 한다! 이 모든 것을 과학적으로 증명할 수는 없지만 남편이 출근하기 전에 키스를 하는 아내는 남편에게 일어나는 효과를 같이 얻는다고 할 수 있다.

수용 단계에서 내가 나를 유혹하는 방법

- 이 상황은 너무 좋아서 계속될 리가 없다. 그러므로 이 상황을 너무 즐기지 않는 편이 낫다. 그렇지 않으면 이

상황이 종료되었을 때 실망이 너무 클 것이다.
- 상처와 관련된 상실의 고통이 떠오르면 '정말로 치유된 것은 아무것도 없어. 치유가 되었다면 나는 완전히 용서할 수 있어야 해.'라고 하며 자신의 상황을 최악으로 왜곡한다.
- 이제 내 삶의 모든 것이 치유되었다(이런 생각은 상처의 깊이가 더 드러나는 것을 방해한다).

수용 단계에서 다른 사람들이 나를 유혹하는 방법
- 내가 현실을 부정하고 있다고 말한다.
- '현실적으로' 잘못될 수 있는 면을 찾아내 말해 준다. 그들은 이렇게 말한다. '하지만 ~에 대해서는 생각해 보았니?'

사람들이 수용 단계에 있는 나를 돕는 방법
- 있는 그대로의 나를 사랑하고 나와 함께 기뻐한다.
- 내가 무엇을 느끼고 있는지 잘 알아차리고 알아차린

것을 나에게 말해 준다. 그러면 나는 내가 이해받고 있다는 것을 알 수 있을 것이다.
- 내가 받은 선물을 사용하는 것을 알아봐 준다. 사람들과 하느님과 우주와 생명을 주고받기 위해서 나의 선물을 사용할 때 나에게 더 깊은 치유가 일어난다.

내가 나를 돕기 위해 할 수 있는 것들
- 내가 느끼는 감사함을 온몸으로 느끼고 충분히 그것을 즐긴다.
- 생명과 비폭력을 증진시키기 위하여 나의 선물을 사용하는 위험을 감수한다.

수용의
심화 과정

1) 하느님이나 친한 친구처럼 나를 사랑하는 사람 앞에

있다고 상상한다.

2) 예전만큼 신경이 쓰이지 않는 상처 하나를 직면한다.

3) 나를 사랑하는 사람 앞에서 그 상처로 인해 내가 가지게 된 선물이 있는지 자문해 본다. 그 상처나 상처로 인한 손상 자체에 감사할 필요는 없지만, 그로 인해 얻게 된 새로운 생명에 대하여 어떤 식으로든 감사할 수 있는가? 특히 그 상처가 어떻게 나 자신, 다른 사람들, 하느님, 그리고 우주와 친밀하게 연결되도록 도와주었는지 생각해 본다. 예를 들어, 어린 시절에 체벌을 받은 경험은 자녀를 비폭력적인 방법으로 양육하는 동기가 될 수 있다. 또는 어린 시절에 아무도 내 말을 경청하지 않았기 때문에 연민하는 마음을 가지고 경청하는 법을 습득하게 되었을 수도 있다.

4) 상처로 인해 가지게 된 선물들 가운데 이미 발견한 선물과 아직 발견하지 못한 선물에 대하여 감사한다. 이 새로운 선물들을 사용하는 모험을 원하는지 자문해 본다.

9. 용서,
사랑과 돌봄의 여정

　지금까지의 상황을 보면서 용서의 다섯 단계가 매우 복잡하다고 생각할 수도 있다. 또한 누군가에게서 상처받고 있다면 자신이 어느 단계에 있는지 또는 이 단계에서 저 단계로 어떻게 넘어가는지 알기 어려울 것이다. 하지만 엄밀히 말해서 용서의 과정은 그 단계를 정확하게 이해해야만 하는 그런 과정은 아니다. 오히려 용서는 어느 단계에 있든지 상처가 되는 상황에 대한 자신의 모든 생각과 감정을 스스로 인정하고 또한 자신이 사랑받을 수 있도록 스스로를 내어 놓는 과정이다. 이렇게 할 때 자연스럽게 한 단계에서 다른 단계로 넘어갈 것이다. 다음의 예화는 용서의 과정 안에서 어느 단계에 있는지 또는 다음 단계로 넘어가기 위해서 필요한 전략이 무엇인지 알아내기 위해서 애쓸 필요가 없다는 것을 보여 준다.

이 책을 쓰는 동안 우리는 컴퓨터가 서서히 수명을 다해 가는 것을 지켜보았다. 처음에는 일주일에 한두 번 멈추었는데 그럴 때마다 우리는 컴퓨터로 작업하던 모든 것을 잃어버리곤 했다. 이것은 창의력이 필요한 우리의 작업을 방해했지만 참을 만했다. 컴퓨터 매장을 한두 번 방문해 보았지만 우리는 그래도 기존의 컴퓨터를 참고 쓰는 것이 새 컴퓨터에 익숙해지는 것보다 쉬울 것이라고 확신하게 되었다. 할인 행사 중인 컴퓨터의 가격이 비싸기도 했고, 무엇보다도 새 컴퓨터의 복잡한 사용법을 익히는 데 시간을 빼앗기고 싶지 않았기 때문이다. 13년이 된 컴퓨터는 기본 요소만 갖춘 모델이었고, 컴퓨터에 대한 우리의 지식은 기계의 전원을 켜고 *끄는* 정도보다 나을 게 거의 없는 수준이었다. 그래도 이 컴퓨터로 지난 5년 동안에 다섯 권의 책을 만들어 냈다. 우리는 이 책을 끝낼 때까지만 컴퓨터가 버텨 주기를 바랐다. 하지만 불행하게도 책을 끝내기 한 달 전부터 일주일에 한두 번이 아니라 하루에 한두 번씩 멈추어서 꼼짝을 하지 않았고 우리는 드디어 조치를 취할 때라고 판단하였다.

얼마 후 우리는 컴퓨터를 좋아하는 캘리포니아에 사는

친구에게 전화를 했다. 그는 생산을 중단한 전시용 컴퓨터를 저렴한 가격에 판매하는 기관의 전화번호를 알려 주었다. 자동 응답 서비스의 안내에 따라 여러 가지 답변을 했고 마지막으로 우리의 우편번호를 누르라고 해서 그렇게 했더니 전화번호 하나를 불러 주었는데, 알고 보니 바로 우리 옆 동네에 있는 컴퓨터 가게의 전화번호였다.

그 번호로 전화를 했더니 제프라는 사람이 전화를 받았다. 그는 우리가 원하는 모델의 컴퓨터를 가지고 있었고 가격도 적당했다. 우리는 그에게 우리가 컴퓨터에는 문외한들이며 구입을 망설이는 이유가 새 컴퓨터의 사용법을 가르쳐 줄 사람이 없기 때문이라고 말했다. 그는 우리가 어디에 사는지 물었고, 주소를 알려 주자 큰 소리로 말했다. "저는 바로 건너편 집의 지하에 세를 들어 살고 있어요! 필요한 것은 제가 다 가르쳐 드릴게요."라고 했고 우리는 다음 날 오전에 그의 사무실에서 만나기로 했다.

우리는 이 책의 원고가 저장된 디스크를 들고 가 말했다. "이 디스크를 새 컴퓨터에서 어떻게 사용할 수 있는지 보여 주세요." 그런데 그는 컴퓨터로 우리 동네에 있는 스키장 중 어느 스키 리프트가 가장 한가한지를 찾는 방법을 보여 주었다. 우리는 다시 부탁했다. "우리는 스키를 타지 않아요. 우리는 책을 쓰는 사람들이에요. 그 컴퓨터로 우리 디스크를 어떻게 사용할 수 있는지 알려 주겠어요?" 그러자 그는 컴퓨터의 CD-Rom 시스템이 스테레오 음악을 통해서 어떻게 창의성을 향상시켜 주는지 보여 주었다. 우리는 다시 말했다. "글을 쓸 때 조용한 것이 좋아요. 그냥 이 디스크를 어떻게 사용할 수 있는지 알려 줄 수 없을까요?" 제프는 우리의 말을 이해하지 못하는 것 같았다. 그는 이번에는 컴퓨터가 솔리테르 카드 게임을 포함하여 동시에 네 가지를 할 수 있는 기능이 있다고 설명했다. 우리는 그에게 우리가 원하는 것은 단 한 가지라고 다시 말했다. 그리고 우리는 데니의 어머니가 오실 때만 함께 솔리테르 게임을 한다고 말했다.

위에 기록한 것이 우리가 제프를 3시간 동안 방문한 결과였다. 제프의 설명은 거의 대부분 이해할 수 없는 것들이었고 '메가헤르츠', '기가바이트', '램'과 같은 단어로 가득 차 있었다. 제프는 우리에게 필요한 것은 메가헤르츠, 기가바이트 등의 용량이 큰 것이라고 설득하려고 했다. 그는 (새로운 '정보 고속도로'가 3년 후에는 우리가 지금 구입하려고 하는 컴퓨터를 완전히 쓸모없는 것으로 만들어 버릴 것이 분명하며) 용량이 큰 것을 사지 않으면 오늘 구입한 것이 당장 내일이면 무용지물이 될 것이 불 보듯 뻔한 일이라고 주장했다.

3시간 동안 거기 있었지만 제프는 그 컴퓨터에서 우리가 가져간 디스크를 어떻게 사용할 수 있는지는 조금도 설명하지 못했다. 그는 우리가 쓰던 컴퓨터는 '진정한 공룡', 즉 정말 오래된 컴퓨터라서 거기서 쓰던 디스크를 새 컴퓨터는 읽어 내지 못하며, 읽어 내게 만들려면 300달러짜리 소프트웨어를 추가로 구입해야 한다고 말했다. 그리고 '컴퓨터 가격은 매일 변동이 심해서' 어제 우리가 전화를 한 후에 20퍼센트 올랐다고 덧붙였다. 결국 우리는 컴퓨터를 구입하지 못했고 완전히 혼돈 상태에서 그의 사무실을 나왔다.

그날 저녁 우리는 필요한 것 이상을 사도록 압박하고 그렇게 구입한 것을 가능한 한 빠르게 무용지물로 만드는 시스템에 갇힌 느낌과 그것에 대해 느낀 화에 대하여 이야기를 나누었다. 또한 우리가 용서할 필요가 있는 것은 제프만이 아니라 나눔보다 경쟁과 소비주의에 토대를 둔 경제 시스템 전반이라는 것을 깨달았다. 우리는 이러한 경제 시스템에 의해 하루라도 상처를 받지 않고 지나가는 것이 정말 어려운 문화에 살고 있는 것에 대하여 이야기를 나누었다.

그때 최근에 만났던 친구 폴과 진이 떠올랐다. 그들을 방문했을 때 우리는 신문에 난 컴퓨터 광고를 보고 있었는데 폴과 진은 그들도 새 컴퓨터를 살 생각을 하고 있다고 했었다. 그들의 6년 된 컴퓨터는 잘 작동하고 있었지만 오래돼서 CD-Rom이 없었는데 9살 된 그들의 아들 아담은 숙제를 하기 위해서 CD-Rom이 필요했다. 하지만 쓰던 컴퓨터가 너무 오래되어서 적절한 보상 판매가를 받고 팔 수 없었고 그렇다고 바로 새 컴퓨터를 살 만한 형편이 안 되었기 때문에 새 컴퓨터를 사려면 적어도 2년을 기다려야 한다고 했다. 거실에 앉아서 제프를 만났던 일에서 기운을 되찾으려고 노력하던 중에 우리는 폴과 진 그리고 우리 자신이 컴퓨터 괴물에게 억압을 받고 있다는 것을 깨달았다.

우리는 그들에게 전화를 해서 "너희는 필요 없는 컴퓨터를 우리에게 기부하고, 우리는 너희가 새 컴퓨터를 살 돈을 빌려 주면 어떨까? 그러면 너희는 지금 새 컴퓨터를 살 수 있고 우리가 빌려 주는 돈은 2년 후에 갚으면 되고."라고 제안했다. 폴과 진은 그 아이디어를 좋아했다. 무엇보다도 좋았던 것은 이틀 후 그들이 우리가 디스크를 사용하기 위해 알아야 할 모든 것을 설명해 준 것이다. 그리고 모르는 것이 생기면 언제든지 9살짜리 아담에게 물어볼 수 있었다.

우리는 어떻게 이러한 창의적인 생각을 하게 되었을까? 이유는 간단했다. 우리는 감정을 부정하지 않았고 있는 그대로 사랑을 받을 수 있도록 마음의 문을 열었다. 우리는 화를 느꼈고 화의 아래에는 두려움(이 책을 끝내지 못할까 봐, 그리고 컴퓨터 테크놀로지 세상에서 영원히 살아남지 못할까 봐 걱정하는)이 있었다. 이렇게 우리 존재의 중심에 머물자 자연스럽게 창의적인 해결책이 떠올랐다.

우리가 경험한 것을 용서의 다섯 단계의 관점에서 보았을 때 우리가 가장 잘 인식하고 있었던 것은 화의 단계였다. 하지만 우리는 아마도 여러 단계를 한꺼번에 경험하고 있었을 것이라고 생각한다. (매일 상태가 나빠지고 있었음에도) 우리는 13년 된 컴퓨터가 영원히 작동해 줄 것이라고 믿는 부정의 단계에 있었다. 우리는 "컴퓨터가 좀 더 이해하기 쉽게 우리에게 다가온다면 또는 모든 사람에게 공평한 가격으로, (필요한 것 이상이 아니라) 필요한 것만을 제공해 준다면 우리는 컴퓨터 세상을 용서할 것이다."와 같은 거래를 하고 있었다. 또한 우리는 '컴맹'인 스스로를 탓하는 우울의 단계에 있었다. 우리가 인식하고 있던 감정과 반응은 모두 분노와 관련이 있었지만 동시에 우리는 다섯 단계를 모두 경험하고 있었던 것이다.

용서의 다섯 단계의 과정에서 우리가 어느 단계에 있는지 또는 다섯 단계를 다 거쳤는지 아닌지 등을 알아내는 것은 중요하지 않다. 우리는 한 번도 "어, 우리가 지금은 분노 단계에 있네."라고 말하지 않았고 나머지 네 단계를 어떻게 거쳤는지 알아내려고도 하지 않았다. 다만 최선을 다해서 우리 자신 안에 머물렀고 서로 사랑과 돌봄을 주고받을 수 있도록 마음을 열었다. 결국 이것이 우리를 자연스럽게 용서의 다섯 단계를 경험하게 하였다.

하지만 꼼짝달싹하지 못한다고 느낄 때나 용서의 과정을 어떻게 잘 시작할 수 있는지 알고 싶을 때처럼 우리가 어떤 단계에 있는지 아는 것이 도움이 될 때도 있다. 우리가 어느 단계에 있는지 가장 쉽게 알 수 있는 방법은 그

것을 알아내려고 애쓰는 것이 아니라 갇혀 있는 느낌, 혼란스러운 느낌을 느끼는 중에도 사랑을 받아들일 수 있도록 마음을 여는 것이다. 타인에 대한 비폭력은 자신에 대한 비폭력에서 시작된다. 자신에 대하여 비폭력적인 태도를 갖는다는 것은 용서의 다섯 단계를 우리의 경험 안에 억지로 끼워 맞추는 것이 아니라 그 과정이 우리에게 필요할 때 자연스럽게 각각 그 모습을 드러내도록 허용한다는 것을 의미한다.

10. 토마토 전쟁

잠시 1장에서 언급한 장면으로 돌아가 보자. 무거운 짐을 들고 어둡고 추운 밤에 인적이 끊긴 길을 걸어 집으로 가고 있는데 뒤에서 발자국 소리가 들린다. 그 소리는 전에 당신을 때려 의식을 잃게 하고 속옷을 제외한 모든 것을 훔쳐 간 남자들의 발자국 소리처럼 들린다. 그때와 비교해서 달라진 것은 이제 당신은 비폭력적 개입이라는 예수님의 세 번째 길에 대하여 알고 있다는 것이다. 당신은 무엇을 어떻게 할 것 같은가?

이와 비슷한 상황에 처한 한 여인이 있었는데 그녀는 뒤를 따라오는 낯선 사람들을 돌아보고 미소를 지으며 자신이 들고 있던 짐을 그들에게 내밀었다. "이 길을 걷는 것이 좀 무섭고 짐도 너무 무거웠는데 나를 좀 도와주실래요?" 그들은 자기도 모르게 짐을 받아들고 그녀와 함께 걸어갔으며 그녀는 그런 그들의 친절한 도움에 감사의 인사를 했다.

처음에 이 이야기를 들었을 때 우리는 "어떻게 그런 멋진 생각을 할 수 있었을까?" 하고 서로 이야기했다. 앤지 오고먼은 '비폭력적 개입'이라는 예수님의 세 번째 방법이 가장 잘 성공할 수 있는 환경을 '회심'이라고 말하는데, 그런 의미에서 보면 그녀의 행동은 '회심을 위한 환경'을 조성한다는 면에서 주목할 만하다. 인간의 정신은 잔인함과 경이로움을 동시에 경험할 수 없는 것 같다. 일반적으로 가해자는 자신의 정신을 잔인한 상태로 유지하기 위해서 피해자처럼 행동할 것이라고 예측할 수 있는 사람들을 필요로 한다. 따라서 앞서 여인이 대부분의 피해자들처럼 공격적으로 또는 무기력하게 반응을 했다면 그녀의 행동은 낯선 남자들에게 "맞아요. 당신들은 가해자고 나는 피해자에요."라는 메시지를 전달하는 것과 같았을 것이다. 예측 가능한 피해자의 행동은 일반적으로 가해자의 잔인성을 강화한다.

그러나 어떤 행동은 '당신은 가해자이고 나는 피해자'라는 예측 가능한 메시지를 끊어 버림으로써 잔인성을 분산시킨다. 위의 여인이 미소를 지으며 짐을 들어 달라고 도움을 청했을 때 그녀는 잔인함을 강화시키는 사람이 아니라 '경이로움의 배달부'가 된 것이다. 여인이 그들을 가해자로 여기지 않았을 때 그들은 충격을 받았고 바로 그 신선한 충격이 그들에게 경이로움을 경험하게 한 것이다. 그러한 상태에서 사람에게는 '자신을 대하는 사람의 행동을 모방하고 싶은 욕구가 생기며 이 욕구는 가해자 안에 폭력성과 양립할 수 없는 새롭고 강한 충동을 불러일으킨다.' 이와 같이 비폭력적 개입은 가해자도 자기 자신을 새롭게 만들 수 있는 기회를 제공한다.

때로 우리는 생각할 시간이 거의 없었던 그 여인처럼 어떻게 '경이로움의 배달부'가 될지 직관적으로 알 수 있다. 하지만 그런 직관적인 해결 방법이 떠오르지 않으면 무엇을 할 수 있을까? 때로는 어떻게 해야 할지 몰라 오랫동안(몇 년, 며칠, 몇 시간 동안) 고통스러운 상태에 머물러 있기도 한다. 어떻게 하면 우리는 예수님의 세 번째 방법과 일치하는 창의적인 해결 방법을 발견하도록 마음의 문을 열 수 있을까?

용서의 각 단계에서 가해자는 점점 더 가해자의 특성

을 잃게 되고, 피해자는 점점 더 피해자의 특성을 잃게 된다. 이러한 일이 일어날 때 우리는 경이로움을 경험하게 된다. 이처럼 직관적인 해결책이 떠오르지 않을 때 용서의 다섯 단계는 창의적인 해결책이 떠오르도록 도와준다. 존과의 일에서는 우리가 용서의 과정을 너무 빨리 통과했기 때문에 그런 해결책이 떠오를 겨를이 없었지만 다음의 일화에서는 창의적인 방법을 찾을 수 있었다.

토마토
서리

  작년에 나(마태오)는 토마토를 키우는 데 많은 정성을 쏟았다. 가지를 솎아 주고 비료를 뿌리고 물을 주고 벌레를 잡아 주었다. 토마토가 열리기 시작했을 때 잘 익은 토마토를 따게 될 날만을 기다렸다. 하지만 수확을 일주일 앞두고 토마토가 모두 사라졌다. 이웃 사람에 의하면 여덟 살쯤 된 아이들 네 명이 토마토를 던지며 신나게 놀고 있었는데 그가 도착했을 때는 이미 늦었다고 했다. 그 아이들은 평상시에도 골목에서 유리병을 던지곤 했기 때문에 나는 그들이 누구인지 잘 알고 있었다. 게다가 내가 그들에게 병을 던지지 말라고 한 적이 있었기 때문에 그들의 행동은 내 토마토 밭을 망치려는 의도가 분명하다고 확신했다.

부정 – 아무 문제도 없어

나의 첫 번째 반응은 보통 상처를 받았다는 사실을 부정하는 것이다. 살면서 나에게 상처를 준 사람들은 보통 나보다 키가 크거나 힘이 센 사람들이었기 때문에 나는 화를 드러내지 않는 법을 배웠다. 그러나 이번에는 부정할 필요가 거의 없었다. 실제로 그 아이들은 나보다 키가 작았으니까. 여하튼 분명한 것은 내가 화가 많이 났다는 것이다.

화 – 가해자는 나의 적이야

토마토 밭을 볼 때마다 용서의 두 번째 단계인 화가 더 많이 치밀어 오름을 느꼈다. "처음에는 병을 던지더니 이번에는 토마토야! 다음에는 내 집을 부수겠군. 이 아이들이 몇 년 사이에 어쩌다 흰 캐딜락을 몰고 다니며 사람들의 밤 외출을 두려워하게 만드는 악당이나 마약 판매상처럼 된 것일까?"

나는 그들이 한 짓을 보상하도록 내 텃밭에 물을 주고 잡초를 뽑는 벌을 주는 상상을 했지만 그들이 조심스럽게 물을 주고 잡초를 뽑도록 만드는 것은 내가 직접 하는 것보다 더 힘들 것 같았다. 그래서 그 다음으로 생각해 낸 것은 그들이 무슨 짓을 저질렀는지 그들의 부모에게 말하는 것이었다. 하지만 섬세하고 건강한 양육법과는 거리가 멀어 보이는 그들의 부모는 아이들이 곧 잊어버릴 훈계를 하는 것에 그칠 것이 거의 확실했다. 토마토 밭이 엉망이 된 후 일주일 동안 열매가 달리지 않은 것을 볼 때마다 나는 복수를 꿈꾸었다.

그러면서 나는 복수에 대한 환상이 얼마나 잔인한지 깨닫고 매우 놀랐다. 내가 그 환상을 행동으로 옮긴 것은 아니지만 무시하지도 않았다. 나의 복수 환상은 이렇게 말하고 있었다. "너에게 소중한 것들이 망가지는 것을 두고 볼 필요는 없어. 너는 가해자들의 피해자로 남아 있을 필요가 없어." 복수의 환상은 내가 나를 보호하기 위해 정확하게 무엇을 어떻게 해야 하는지를 보여 주지는 않았지만 그렇게 할 수 있는 에너지로 나를 가득 채워 주었다.

거래 – 내게 필요한 것은 무엇일까

　'나에게 소중한 것들과 내 자신을 어떻게 하면 보호할 수 있을까?'라고 자문하면 할수록 나는 용서의 세 번째 단계인 거래의 단계로 더 깊이 들어갔다. 우선 나의 분노의 환상은 '아이들이 벌을 받아야만 용서할 것이다.'라는 거래를 하고 있었는데 내가 분노에 더 귀를 기울이자 나에게 진정으로 필요한 것이 무엇인지 드러났고 그에 따라 거래 내용도 다음과 같이 달라졌다. '아이들이 사과하고 다시는 그러지 않겠다고 약속하면 용서할 것이다.' 이때 몸의 긴장이 다소 풀렸다. 하지만 몸의 긴장이 완전히 풀린 것은 내가 '아이들이 책임감이 무엇인지 배우고 이웃을 위해 무엇이든 하기 시작한다면 그들을 용서할 것이다.'라는 생각을 하게 되었을 때였다. 이렇게 내면의 평온과 다른 사람들에 대한 신뢰를 회복하기 위해서 진정으로 나에게 필요한 것이 무엇인지가 점점 더 분명해졌다. 이렇게 나는 나의 거래 조건에 귀를 기울임으로써 창의적인 해결 방법이 어떠한 이상적인 결과를 가져오는지에 대해 생각할 여유와 능력을 가지게 되었다.

우울 – 나는 아무것도 할 수 없는 피해자야

그런데 나의 거래 조건을 충족시키기 위해 무엇을 어떻게 할 수 있었을까? 내가 아이들에게 무엇인가를 말하거나 행했다면 그 아이들은 나에게 또 다시 복수하려고 했을 것이라고 생각한다.

집 근처에서 집이나 자동차가 손상되는 일이 빈번했기에 나는 토마토에 대해서 아이들에게 맞서면 그 다음에는 집과 자동차가 목표가 될 것이라고 확신했다. 이렇게 생각한 근거는 그들에게 깨진 병 조각에 대해 이야기한 후에 나의 토마토 밭이 복수의 대상이 되었다고 생각했기 때문이다. 그래서 나는 애초에 깨진 병들에 대해 그들에게 맞선 내 자신을 탓하기 시작했다. 나 스스로가 여덟 살밖에 안 된 아이들에게 두 손을 뒤로 묶인 힘없는 피해자처럼 느껴졌다. 이것은 내가 이제 용서의 네 번째 단계, 즉 우울의 단계에 들어와 있다는 표지였다.

그러던 어느 날 토마토 밭에서 잡초를 뽑다가 상추의 윗부분이 반씩 잘린 것을 발견했다. 상추는 겉잎을 따 주어야 하는데 계속 새잎이 나야 하는 윗부분이 잘려 있었다. 꼭지가 사라진 상추는 곧 죽어 버렸다. 그러나 이 사건의 범인은 아이들이 아니라 예수회 동료이자 친구인 카알이었음이 밝혀졌다. 카알은 내가 시내에 나간 사이에 상추를 뜯어 주면 도움이 될 것이라고 생각했던 것이다. 나는 상추를 못 먹게 되었지만 기꺼이 그를 용서했다.

토마토 밭이 망쳐진 후 나는 매일 아침 어떤 느낌이든지 그 느낌과 머물며 나 자신이 사랑을 받을 수 있도록 기도하는 마음으로 앉아 있곤 했다. 그런데 상추밭이 망가진 것을 알고 난 다음 날 아침에는 그렇게 앉아서 내가 얼마나 빨리 카알을 용서했는지에 대해 생각하고 있었다. 동네 아이들은 토마토만 따 갔기 때문에 토마토는 다시 열매를 맺을 수 있었지만 카알은 상추밭 자체를 망쳐 놓았는데도 기꺼이 용서할 수 있었다. 그것은 그가 최선을 다했다는 것을 내가 알기 때문이라는 것을 깨달았다. 그때 나는 어쩌면 그 네 명의 아이들도 최선을 다한 것이 아닐까 하는 생각이 들었다.

다른 사람의 세상을 이해하기를 원한다면 그 사람의 입장이 되어서 생각해 보려는 노력이 필요하다. 내가 키 120센티미터의 여덟 살 소년이라고 상상해 보니 무력감이 느껴졌다. 나처럼 그 아이들도 피해자였던 것이다. 그들은 매우 역기능적인 가정, 특히 한 부모 가정의 아이들이었다. 그들의 부모는 단지 먹고살기 위해서 두 개의 직장에서 하루 종일 일해야 하는 사회 체제 안에서 희망을 느끼지 못했을 것이고, 그러한 절망감을 가장 가까이에 있는 자녀들에게 퍼부었을 것이다. 부모의 좌절감을 고스란히 전달받는 아이들이 나를 가해자로 여겼을 수 있다는 것을 이해하게 되었다. 아이들은 흑인이었고 나는 중산층 백인 남자였다. 따라서 많은 가난한 흑인들에게 나는 정의롭지 못한 사회 체제가 유지되어야 하는 원인을 상징하는 사람이었을 것이다. 아마도 내가 그들에게 깨진 유리병 조각들을 치우라고 할 때마다 그들을 억압하는 '압제자의 두목'으로 보였을 것이다. 그리고 그들이 나를 '압제자의 두목'으로 보는 것처럼 나는 그 지역을 압박하는 마약 판매상들에 대한 분노를 그들에게 투사했던 것이다. 그 아이들의 입장이 되어 생각해 보았을 때 나는 양편이 가해자이기도 하고 피해자이기도 하다는 것을, 그리고 우리는 모두 각자의 입장에서 최선을 다하고 있었다는 것을 깨달았다.

비행非行 자체가 최선의 행위일 수는 없지만 때로는 그것이 우리가 할 수 있는 최선일 때도 있다. 예를 들어, 아이들은 관심과 돌봄에서 단절되는 것처럼 소속감을 상실하면 나쁜 행동을 하는 경향이 있다. 그들의 비행은 어른들의 관심을 끌게 되고 정서적으로 결핍이 심한 아이들은 관심을 전혀 못 받는 것보다는 부정적인 관심이라도 받는 것이 더 낫다고 느낀다. 토마토를 가져간 아이들은 깨진 유리병에 대한 나의 반응을 통해서 그들이 문제를 일으키면 나의 관심을 가장 많이 받을 수 있다는 것을 무의식적으로 알았을 수 있다. 즉 그들이 토마토를 훔치는 것은 나의 눈길과 관심을 자신들에게 향하게 하기 위한 그들의 최선의 방법이었을지도 모른다.

또한 우리는 누구나 자신이 어떻게 느끼는지 다른 사람들이 이해하기를 바란다. 아이들은(그리고 어른들도) 어떻게 표현해야 할지 모르는 감정을 느낄 때 무의식적으로 다른 사람들 안에 그들이 느끼는 감정과 같은 감정을 불러일으키려고 시도한다. 이러한 시도는 다른 사람과 연결시켜 주는 소속감을 회복하려는 필사적인 노력이라고 할 수 있다. 아마도 나의 토마토 아이들은 너무 좌절하고 무력감을 느껴 그러한 느낌을 나도 느끼도록 시도했을 수 있다. 즉 그들의 비행은 그들에게 필요한 것을 얻기 위해 그들이 할 수 있는 최선이었을 수 있다.

나는 나도 그 아이들과 똑같다는 것을 깨달았다. 즉 토마토를 수확하지 못하게 되어서 얼마나 당황스럽고 화가 나는지를 그들에게 어떻게 말해야 할지 몰랐고 그래서 그들도 내가 아픈 만큼 아프도록 그들에게 상처를 줄 방법들에 대하여 잔인한 상상을 했던 것이다. 나는 나를 사랑하고 내 말에 귀를 기울여 주는 사람들이 많이 있기 때문에 다른 사람들에게 상처를 주지 않으려고 했다. 하지만 저 아이들에게는 그런 사람이 아무도 없다.'는 생각을 하게 되었다.

우울의 단계는 상처가 되는 상황이 일어나기 전에, 일어나고 있는 중에, 일어난 후에 우리가 다르게 할 수 있었던 것이 무엇인지를 이해하도록 돕기 위해 가해자의 입장에서 생각해 보도록 우리를 초대한다. 내가 이러한 노력을 하면 할수록 그리고 우리 모두 각자 최선을 다하고 있었다는 것을 이해하면 할수록 나는 더 이상 그 아이들에게서 거리감을 느끼지 않게 되었다. 나는 그들에게서 선함을 보기 시작했다. 어떤 의미에서는 토마토를 집어 던지는 행위가 병을 던지는 행위에 비해서 분명히 조금 나아진 행동이었는데 그것은 아이들이 내 말을 듣고 존중했다는 뜻이다. 아이들이 정말 나에게 해코지를 하려고 했다면 그들 서로에게 토마토를 던지는 것이 아니라 우리 집에(창문에라도) 토마토를 던졌을 것이다. 나는 그들도 내 친구 카알처럼 최선을 다했던 것임을 깨달았고 그들을 용서할 수 있을 것 같았다. 하지만 이렇게 그들과 마음을 나누고 친구가 되고 싶은 마음이 커졌음에도 여전히 그 방법에 대해서는 확신이 없었다.

이때 나의 거래 내용을 생각했다. 거래 단계에서 그 아이들이 책임감을 배우고 이웃을 위해 무엇인가를 하기를 원했다. 일주일 후 나는 그 아이들이 내 집 마당을 가로질러 가는 것을 보았고, 그 순간 의식적으로 그들이 나의 적이 아니라 나름 최선을 다하는 착한 아이들이라고 생각하려고 노력했다. 이러한 마음 자세를 유지하면서 그들을 불렀고 우선 더 이상 골목에 유리병을 던지지 않는 것에 대하여 고맙다고 했다. 그리고 다음과 같이 말했다.

내가 얼마나 열심히 토마토를 키웠는지 너희들은 알지? 그런데 나는 그 토마토들이 이웃집 마당에 다 으깨진 채 뒹굴고 있는 것을 보았단다. 이웃집 사람이 그러는데 아이들이 토마토 던지기 놀이를 했다더구나. 그런데 그 아이들이 누군지는 알아내지 못했어. 그래서 너희들이 내 텃밭을 지켜 주고 대신에 토마토가 열리면 함께 나누었으면 한단다. 더 이상 토마토가 없어지지 않는다면 너희는 각자 토마토 한 그루에서 나오는 토마토를 다 가질 수가 있단다. 어떻게 생각하니?

아이들은 내가 앙갚음을 하지 않고 토마토를 주겠다고 하자 완전히 놀란 것 같았다. 그들은 얼굴에서 놀란 표정이 채 사라지기도 전에 자신들이 책임지고 돌볼 토마토 나무를 선택하는 데 열중했다. 그때부터 내 텃밭은 든든한 보호를 받게 되었고 다시는 토마토가 없어지지 않았다. 아이들은 점차 나의 친구가 되었고 심지어 토마토 나무에 물을 주는 나를 돕기까지 했다.

수용 – 우리는 동등하다

이렇게 나는 토마토를 훔친 아이들을 쉽게 용서할 수 있었다. 나는 내 물건을 훔친 아이들도 친구가 될 수 있다는 것을 배웠기 때문에 토마토와 관련해서 겪은 일련의 과정에 대하여 감사한다. 이것이 상처를 통하여 얻은 좋은 것에 대하여 감사할 수 있게 되는 수용의 단계이다.

그러나 모든 일이 뜻대로 이루어지지 않았다면 어떻게 되었을까? 아이들이 그 다음 주에 우리 집에 무단 침입을 했다면 어떻게 했을까? 용서의 다섯 단계가 항상 우리에게 창의적인 해결책을 제공한다거나 그것이 항상 좋은 결과를 가져온다고 장담할 수는 없다. 또한 용서는 상호적인 화해와 달라서 우리가 다섯 단계를 거친다고 해서 상처를 준 사람이 화해의 반응을 보일 것이라고 기대할 수 없다.

용서의 다섯 단계가 보장하는 것은 용서를 하면 우리가 달라질 것이라는 것이다. 내가 확신하는 것은 다시는 아이들을 가해자로만, 그리고 나 자신을 피해자로만 보지는 않을 것이라는 것이다. 수용의 단계에서 중요한 것은 아이들이 나의 토마토를 돌보도록 초대하는 창의적인 해결책이 효과가 있는지 없는지가 아니라 내가 더 이상 사람들을 가해자와 피해자로 구분하지 않게 되었고 그 아이들이나 나나 똑같은 인간이라는 것을 깨달았다는 것이다. 궁극적으로 이것이 바로 모든 상처와 갈등에 대한 창의적인 해결 방법이다.

단계	창의적인 해결책이 떠오르고 있다는 표시
부정	나는 상처로 인한 고통을 직면할 준비가 될 때까지 나 자신이 사랑받도록 허용한다. 점차 아무 일도 없었던 척하는 것을 중단하고, 상대방이 억압자이고 내가 피해자라는 것을 인식하면서 나의 상처를 돌보기 시작한다.

분노	나는 상대방을 변화시키고 싶다. 그래서 상대방은 가해자가 아니고, 나는 피해자가 아니기를 바란다. 분노를 다루면서 점차 상대방을 가해자로 보는 시각이 줄어들고, 경이로움을 느낄 수 있고 연민을 받을 가치가 있는, 본질적으로는 좋은 사람으로 보는 시각이 더 커진다.
거래	나는 상대방이 가해자이기를 그만두고 내가 피해자이기를 그만두기 위해 무엇이 필요한지를 발견한다.
우울	나는 변화하기를 원한다. 따라서 나는 무력한 피해자가 아니다. 내가 느끼는 죄책감과 수치심이 치유되면서 차츰 나 자신을 무력한 피해자처럼 느끼는 것이 줄어들고, 점점 더 본질적으로 좋은(그러나 실수할 수 있는) 사람으로, 존경받을 가치가 있고 경이로움을 지닌 사람으로 느낀다.
수용	내가 창의적인 해결책을 발견하든 못하든, 그리고 그 해결책이 쓸모가 있든 없든, 나는 더 이상 상대방을 가해자로만, 나 자신을 피해자로만 여기지 않을 것이다.

두 손으로 하는 용서

마태오가 토마토 전쟁 경험에서 얻은 것은 2장에서 소개한 바버라 데밍의 두 손으로 하는 비폭력적 용서의 의미를 요약적으로 보여 준다. 그녀가 묘사한 것처럼 우리가 가해자에게 내미는 손은 두 개이다. '한 손은 가해자에게서 그에게 속하지 않은 것을 되찾아오는 손이고 다른 손은 그렇게 하는 동안 천천히 그를 진정시키는 손이다.' 따라서 우리는 한 손으로는 "너희들은 나의 토마토를 훔쳐서는 안 돼."라고 말함으로써 폭력에 대한 협조를 거부하면서 가해자가 더 이상 우리에게 해를 끼치지 못하게 한다. 이와 동시에 우리는 가해자에게 다른 손을 내밀면서 "우리는 서로 남이 아니야. 나에게 타인이란 없어. 나는 이 세상에서 네가 혼자 있도록 내버려 두지 않을 거야. 나는 네가 지금 하는 선택보다 더 좋은 선택을 할 수 있다고 믿어. 그리고 난 네가 준비될 때 여기 있을 거야."라고 말함으로써 소속감을 제공한다.

경이로움과 폭력성(잔인성)은 공존할 수 없으므로 가해자에게 소속감을 제공하기 위해 내미는 이 두 번째 손은 용서의 과정에 있어서 필수적인 요소이다. 경이로움은 우리가 모든 것이 내적으로 일관성 있게 서로 연결되어 있다는 것을 깨닫고 놀라는 순간에 경험하게 된다. 우주의 모든 것이 서로 연결되어 있다는 것은 우주의 근원적인 진리이며 경이로움은 바로 이러한 연결성에서 비롯된다. 우주에 존재하는 모든 것이 우리에게 속하고 우리는 또한 우주에 존재하는 모든 것에 속한다는 경이로움을 경험할 때 우리는 삶의 어떤 부분도 잔인하게 대할 수 없다. 이러한 경이로움과 소속감은 수용의 단계의 뚜렷한 특징이다.

용서의 다섯 단계는 우리가 '너는 나에게 타인이고 가해자야. 그러므로 우리는 서로 관련이 없어.'라는 분노의 단계 또는 '나는 너에게 타인이고 피해자야. 그러므로 나는 너와 관련이 없어.'라는 우울의 단계에 갇혀 있지 않도록 도와줌으로써 우리가 경이로움으로 가득 찬 창의적인 해결책을 찾게 해 준다. 서로 관련이 없는 사람은 아무도 없다는, 즉 우리 모두가 서로 관련이 있다는 깨달음은 우리가 폭력을 폭력으로 갚는 것에 저항하도록 그리고 자기 자신이 학대를 당하지 않도록 돕는다. 하지만 사법 체계에서 국제 관계에 이르기까지 삶의 대부분의 측면에서 이와 같은 용서의 원리는 거의 이해받지 못하고 있다.

그러나 마태오가 알게 된 것처럼 아이들은 직관적으로

그 원리를 이해하고 건강한 양육 방식은 그들이 경험한 이 원리를 잊지 않도록 보호해 준다. 곧 부모가 될 우리(쉴라와 데니스)는 육아에 대한 최고의 문학 작품들에는 공통분모가 있다는 사실을 알게 되었는데, 그것은 아이들에게 분명한 경계선을 제시하고 그들의 행동의 결과에 대하여 책임지게 하고(즉 아이들의 피해자가 되지 말고), 그들을 처벌하거나 힘으로 제압하려고 하지 않는다는(즉 아이들에게 가해자가 되지 않는다는) 공통분모이다. 아이들이 토마토를 훔치는 것과 같은 나쁜 행동을 할 때 우리는 두 손으로 하는 용서와 같은 비폭력적 개입을 할 수 있다. 한 손은 "나는 그런 행동을 받아들이지 않을 거야."라고 말하고 다른 손은 "너희들은 내 사람이야. 그러니까 우리는 모두의 욕구를 채워 줄 방법을 찾을 수 있을 거야."라고 말한다. 나는 이런 방식으로 양육을 받지 못한 사람들에게 용서의 다섯 단계가 새로운 양육의 경험을 제공하고 나아가 그것이 그들 삶의 새로운 방식이 될 수 있기를 바란다.

11. 삶의 양식으로서의 용서와 비폭력적 개입

10장을 시작하면서 가해자들과 하나가 되는 방법을 알기에 가해자가 될 수도 있었던 사람들에게 자신의 짐을 들어 달라고 청한 여인에 대한 이야기를 했다. 그녀는 용서의 다섯 단계가 주는 가르침을 삶의 방식으로 삼고 있었으므로 사람들을 가해자와 피해자로 구분하는 것을 본능적으로 피할 수 있었다. 그녀는 그렇게 함으로써 인간으로서 자신의 존엄성을 지킨 동시에 자신을 공격하려고 했던 두 남자를 무장 해제시킬 수 있었다. 그녀는 그들에게서 선을 보았고 그들이 소속감을 느끼게 했다.

나(데니스)는 몇 년 전 오마하의 도심에 있는 예수회 공동체에 살았는데 그때 삶의 방식으로서의 이 다섯 단계의 중요성을 깨닫는 사건을 겪었다. 사건은 이러했다. 어느 날 밤 한밤중에 잠을 깬 나는 내 방에 어떤 남자가 들어와 있는 것을 알았다. 어두웠지만 그가 한동안 보지 못했던 예수회 동료인 팀처럼 보였고 그가 지나가던 길에 오마하에 들러 하룻밤 자고 가려다가 방을 잘못 찾아든 것이라고 생각했다. 비몽사몽 중에 나는 "복도 끝에 비어 있는 방이 있어. 배고프면 주방 냉장고에 햄이 있으니까 가서 먹어."라고 말했다.

하지만 다시 잠이 들기 전에 팀이 약 1천 500킬로미터 떨어진 곳에 산다는 것을 깨달았다. 그가 올 예정이었다면 첫 번째로 연락할 사람은 바로 나였다. 나는 침대에 일어나 앉아서 생각했다. '내가 도둑에게 말을 했구나!' 주방으로 달려가 보니 햄은 그대로 있었다. 나는 주방에서 내선 전화로 다른 예수회원 두 명을 불러서 함께 집 안을 샅샅이 뒤졌다. 그러나 도둑은 이미 자전거 한 대를 훔쳐서 달아난 후였다.

나는 침실로 돌아가 문을 잠그고 다시 자려고 했으나 잠을 이룰 수 없었다. 그 순간 나는 무엇이 잘못되었는지 깨달았고 잠시 후 일어나 문의 잠금을 풀고 침대로 돌아와서야 비로소 잘 수 있었다. 다음 날 생각해 보니 도둑이 나간 후에 내가 침실 문을 잠그고 잠이 들 수 없었던 이유는 그렇게 문을 잠근 것이 태어나서 처음이었기 때문이었다. 문을 잠근다는 것은 내가 세상을 피해자와 가해자로 나누는 것을 의미했다. 문의 잠금을 다시 풀었을 때 그것은 내가 모든 사람이 서로에게 속하는 세상을 다시 회복했음을 의미했다. 이 일련의 과정은 나를 도둑에게서 구해 줄 수 있는 것은 잠긴 문이 아니라 서로가 서로에게 속하는 세상을 추구하며 친구로서 인사를 건네는 창의적인 비폭력적 개입이라는 것을 알게 해 주었다.

12. 아동기,
비폭력적 삶의 시작

　이렇게 용서의 다섯 단계가 무엇인지 알아보았지만 그래도 여전히 위협적인 상황에서 어떻게 첫 번째 반응이 창의적이고 비폭력적일 수 있는지 궁금할 것이다. 위협적으로 다가오는 두 명의 남자에게 짐을 들어 달라고 하거나 도둑에게 "배고프면 주방 냉장고에 햄이 있으니까 가서 먹어."라고 말하는 자신의 모습이 상상되지 않을 것이다. 아마도 상상할 수 있는 것은 두려움에 몸을 움츠린, 또는 분노로 공격하는 자신의 모습일 것이다.

　이러한 반응들은 거의 본능적이라고 할 만큼 뿌리 깊게 느껴져서 어린 시절에 익힌 방식이 아닌가 생각하게 된다. 그것이 사실이라면 위협적인 상황에 대한 창의적인 비폭력적 반응도 어린 시절에 학습될 수 있다는 뜻이다. 우리는 이것 역시 본능적이라고 할 정도로 뿌리 깊게 느끼기를 바란다. 예를 들어, 대학살 시절에 유다인을 구출하기 위하여 목숨을 걸었던 사람들에 대한 상세한 연구를 진행한 적이 있다. 왜 그렇게 했는지 질문을 받고 그들 중 대다수는 다음과 같이 대답했다. "나는 달리 어떻게 할지 상상할 수 없습니다. 우리 가족은 어려서부터 항상 친절한 대우를 받았고 사람은 모두 그와 같은 친절함으로 대우를 받아야 한다고 배웠습니다. 그런데 어떻게 유다인들을 돕지 않을 수 있었겠습니까?"

2장에서 우리는 양육에서 정치에 이르기까지 비폭력과 용서에 대한 예를 살펴보았다. 여기에 양육을 포함시킨 것은 두 손으로 하는 비폭력적 용서라는 방식으로 아이들을 양육하면 훗날 그들이 비폭력적 삶을 살아가는 데 토대가 되기 때문이다. 우리에게는 톰이라는 여덟 살 된 어린 친구가 있었는데 성 요한 학교의 유치원에 들어갔을 때 그는 이러한 방식의 양육을 경험했다. 성 요한 학교에는 앤디 존스라는 인기 교사가 있었는데 지역 사회에도 잘 알려진 존경받는 인물이었다. 어느 날 저녁 친구들과 외출한 그가 만취했고 바텐더는 그에게 그만 술집에서 나가 줄 것을 요구했다. 분노한 존스는 집에 가서 권총을 가지고 돌아와서 술집 경비원을 쏘았다. 존스는 체포되었고 가중 폭행죄로 처벌을 받게 되었다.

다음 날 성 요한 학교의 교목은 전체 회의를 소집했다. 이 자리에는 조간 신문에서 존스에 대한 기사를 읽은 학부모들도 초대되었다. 교목은 아이들에게 존스가 무슨 일을 했는지 알고 있느냐고, 그리고 그에 대해 어떻게 느끼는지 물어보았다. 아이들은 선생님이 한 행동을 받아들일 수 없었으므로 화가 나고 실망했으며 그가 한 행동은 아주 나쁜 일이라고 생각한다고 말했다. 이에 교목은 "나도 화가 나고 그가 한 일이 나쁜 일이라고 생각해요."라고 말했다. 이어서 아이들은 "하지만 우리는 여전히 선생님을 사랑해요. 어떻게 이렇게 느낄 수 있는 거죠? 그렇게 나쁜 일을 저질렀는데…"라고 말하며 혼란스러워했다. 교목은 눈물을 흘리면서 말했다. "나도 여전히 그를 좋아한답니다."

그리고 교목은 아이들에게 아주 나쁜 행동이라고 생각하는 행동을 한 적이 있는지 물었다. 모든 아이들이 고개를 끄덕였다. 교목은 그들이 잘못했을 때도 부모님이 변함없이 그들을 사랑해 주었다고 생각하는지 물어보았다.

대부분의 아이들이 그렇다고 대답했다. 교목은 맨 앞줄에 앉아 있던 존스의 부모님을 가리키며 다음과 같이 말했다.

> 존스 선생님의 부모님도 변함없이 그를 사랑하십니다. 저는 우리가 잘못했을 때 하느님께서 우리에 대해 느끼시는 것도 이와 같다고 생각합니다. 우리는 존스 선생님이 한 행동을 좋아하지 않지만 그를 사랑할 필요가 있습니다. 저는 그가 감옥에 있는 동안 그에게 편지를 쓰는 것으로 우리의 사랑을 표현하자고 제안합니다. 제가 그를 방문해서 편지를 전달할 것입니다. 저와 함께 이렇게 할 사람이 있나요?

모든 아이들이 자원했고 그때부터 그들은 존스를 위하여 기도하고 편지를 쓰기 시작했다.

성 요한 학교의 아이들과 달리 우리 대부분은 부모님을 기쁘게 해 드릴 때만 우리 자신을 착하고 사랑받을 만한 존재로 여기고 부모님을 기쁘게 해 드리지 못할 때는 자신을 착할 때만큼 사랑받지 못하거나 아예 사랑받지 못하는 나쁜 아이로 여기도록 교육을 받았다. 이와 같이 우리는 자신을 '착한' 자신과 '나쁜' 자신으로 분리하게 되었다. 우리가 자기 자신을 이런 방식으로 생각한다면 어떻게 다른 사람들을 다른 방식으로 생각할 수 있겠는가? 우리의 내적 세계가 피해자와 가해자로 분리되어 갈등하고 있다면 사람들과 관계에서 본능적인 두려움으로 움츠리거나 분노에 찬 공격적인 행동을 할 것이다. 반대로 사람들이 어떤 행동을 하든지 그들을 우리에게 속한 사람으로 간주한다면 우리 안의 균열을 치유할 수 있다. 모든 생명의 상호 관계성은 경이로움과 비폭력의 본질이며 이러한 창조적 관계성은 내면에서 시작되어 외적으로 표현된다.

성 요한 학교의 교목은 아이들에게 자신들이 나쁜 행동을 했음에도 조건 없는 사랑을 받았던 때를 상기시킴으로써 존스가 나쁜 일을 했다고 해서 그와 관계를 단절할 필요는 없으며 오히려 관계를 유지할 수 있다는 사실을 깨우쳐 주었다. 이렇게 아이들이 존스와 관계를 유지하도록 격려함으로써 교목은 그들이 잘못을 저지를 수 있는 그들 자신도 외면하지 않도록 격려했다. 이러한 교육을 받은 아이들은 스스로를 '착하거나 나쁜' 사람으로 분리할 가능성이 매우 낮다. 따라서 그들이 사는 세상을 '착한 사람들'과 '나쁜 사람들'의 세상으로 분리할 가능성도 매우 낮다. 또한 훗날 이들이 갈등 상황에 처했을 때 자연스럽고 익숙하게 창의적이고 비폭력적인 방법으로 갈등 상황을 해결할 가능성이 매우 높다.

이 아이들과 같은 양육을 받지 못한 우리에게 용서의 다섯 단계는 매우 중요하다. 우리는 이 용서의 과정을 통하여 우리가 나쁜 사람이라고 여기도록 배운 우리 자신을 재조명하고, 우리를 조건 없이 사랑해 주지 못함으로써 우리가 스스로를 나쁘게 여기도록 가르친 사람들에 대해서도 새로운 이해를 할 수 있을 것이다. 그리고 우리는 조건 없이 사랑받았던 때를, 또는 조건 없는 사랑을 목격했던 때를 계속 되새길 필요가 있다. 그 경험들을 마음에 되새길 때 톰처럼, 그리고 성 요한 학교의 아이들처럼 조건 없는 사랑을 할 수 있는 우리 자신이 되도록 서서히 강해질 수 있다.

2부

치유의 과정

2부의 13~14장에서는 우리가 용서의 다섯 단계를 경험하기 위하여 자주 사용하는 치유의 과정에 대하여 설명한다. 13장에서는 하느님께서 우리의 몸을 통하여 하시는 말씀에 귀를 기울이도록 초대하는 '초점 기도'Focusing Prayer를 소개하고, 14장에서는 하느님께서 성경을 통하여 하시는 말씀에 귀를 기울이도록 초대하는 '엠마오 기도'를 소개한다.

13. 초점 기도

 최근에 우리는 두 명의 친구에게서 분노가 가득한 편지를 받았다. 여기서 그들의 이름을 스티브와 안젤라라고 부르겠다. 그들은 우리의 새 책 「Good Goats」가 마음에 들지 않았다. 편지를 받은 우리는 한편으로는 스티브와 안젤라가 앞서 언급했던 존처럼 우리를 제외한 수백 명의 사람들에게 편지를 쓰지 않고 우리에게 직접 편지를 썼다는 것이 고맙기도 했지만 다른 한편에서는 존을 떠오르게 했다. 그들은 우리의 신학에 동의하지 않을 뿐 아니라 우리가 악마의 지배를 받고 있다고 개인적인 비난을 했다. 특히 「Good Goats」는 존이 예전에 우리의 강의에서 비난했던 내용과 기본적으로 같은 내용을 담고 있으며 그것을 더욱 발전시킨 것이었기 때문에 그들의 편지는 자꾸만 존에 대한 생각을 불러일으켰다. 하지만 우리는 존의 편지 이후 여러 해에 걸쳐 「Good Goats」에 포함된 자료를 연구하고 개정했으므로 존과 같은 사람들에게 더 잘 대응할 수 있었다.

여러 해 전에 우리는 존의 비난에 의해 쉽게 흔들렸고 따라서 많은 신학자들과 그리스도교 공동체의 인정과 확인을 받을 필요가 있었다. 하지만 스티브와 안젤라의 편지가 도착했을 때에는 우리의 입장에 대하여 훨씬 더 큰 확신을 가지고 있었고 「Good Goats」가 정통 로마가톨릭 신학 안에서 잘 쓰였다는 것을 누구보다도 잘 알고 있었다. 이 책은 교회에서 크게 존경받는 신학자들의 보증과 지지를 받았고 출판사의 베스트셀러 목록에 올랐으며 나아가 가톨릭 출판 연합회에서 주는 상을 수상하기도 했다. 따라서 이번에는 실수나 잘못에 대한 걱정이나 스티브와 안젤라가 우리의 명예를 훼손할 수 있다는 걱정을 하지 않을 수 있었다.

그러나 우리는 편지에서 드러난 그들의 가혹한 태도에 상처를 입었고 셋이 똑같이 습관적으로 빠지는 역할인 **'착한 어린이들'**(여기서 말하는 '착한 어린이들'이 의미하는 것은 스스로 착한아이가 되기 위해 자신의 내면의 욕구나 소망을 억압하는 행동을 반복하는 '착한 아이 콤플렉스'에 가깝다. - 옮긴이 주)이 되어 비난에 직면하여 비난하는 사람들의 의견을 만족시켜 주고 싶어 했다. 우리에게 든 첫 번째 생각은 스티브와 안젤라의 모든 비판에 대하여 우리의 관점을 옹호하는 신학적 증거가 담긴 답장을 하는 것이었다. 다시 말해서 말로 그들을 제압하려고 했다.

그러던 어느 날 오후 나(쉴라)는 그들의 편지와 우리의 답장 초안을 다시 읽어 보고 있었다. 나는 우리의 답장에 무엇인가 잘못된 것이 있다고 느꼈는데 정확하게 무엇인지는 알지 못했다. 나는 그 순간에 내 어깨가 구부정했고 호흡이 얕았다는 것만 알아차렸다. 나는 내 몸이 말하고자 하는 것이 무엇인지 잘 듣기 위해서 읽는 것을 멈추고 눈을 감고 나에게 무슨 일이 일어나고 있는지 몸으로 깊이 느껴 보았다. 나에게 떠오른 이미지는 크고 강압적인 무엇이 나를 에워싸려고 한다는 것이었고 나의 몸은 그것을 피하려고 움츠리고 있음을 깨달았다. 이 움츠러드는 느낌에 머무르자 '수치심'이라는 단어가 떠올랐다. 그 순간 나는 스티브와 안젤라의 편지는 신학에 관한 것이 아니라 수치심과 관련된 것임을 깨달았다. 그들의 편지는 사람들이 근본적으로 선한 존재가 아니라고 가르치는, 수치심을 기반으로 한 그리스도교 모델을 제시하고 있었다. 그들은 사람들이 본질적으로 선한 것이 아니라 어떤 믿음을 가지고 있느냐에 따라서 선하기도 하고 그렇지 않다고도 주장하고 있었다.

그리고 나는 스티브와 안젤라에 대한 우리의 응답에 무엇이 잘못되었는지를 깨달았다. 진정한 문제는 그들의 편지가 본질적으로 무례하고 수치심을 불러일으킨다는 것이었는데 우리는 마치 논란의 주제가 신학적인 차원에서 다른 의견이 있는 것처럼 응답하고 있었다. 우리는 존의 경우처럼 진짜 상처를 부정하고 있었던 것이다. 스티브와 안젤라는 우리의 신학을 보니 우리가 선하지 않다고 말하고 있었고 우리는 우리가 선한 존재라는 것을 증명하기 위하여 신학적인 논쟁을 하고 있었다. 그들의 수치심을 기반으로 한 그리스도교적 접근은 우리에게 정서적 폭력과 같았다. 또한 우리는 신학적 논쟁으로 그들을 제압하려고 함으로써 그들과 같은 방법으로 폭력을 휘두르려 하고 있었다. 우리가 써 놓은 편지를 보냈더라면 수치심을 주려고 했던 그들의 행동에 맞대응을 하는 셈이 되었을 것이고, 그렇게 하느라고 많은 시간과 에너지를 낭비했을 것이다. 게다가 우리는 '옳은' 믿음을 가져야만 선한 존재가 된다는 세상에 대한 그들의 관점을 강화하는 데에만 일조했을 것이다.

나는 우리와 그들 모두가 선한 존재라는 출발점에서 시작해야만 그들과 신학을 논할 수 있다는 것을 깨달았다. 나는 친구가 한 말이 생각났다. "하느님은 우리의 신학을 사랑하신다. 그런데 그보다 훨씬 더 우리 모두를 사랑하신다." 이때 비로소 나는 온몸이 편안해지는 것을 느꼈다. 어깨가 바로 펴지고, 가슴이 열린 것 같았고, 정상적인 호흡을 하기 시작했다. 나의 몸은 내가 창조적인 해결책으로 향하는 길을 찾았다는 것을 알고 있었다. 창조적인 해결책은 우리가 그들에게 폭력적인 대응(분노)을 하는 것도 피하고, 내 자신을 부끄럽게 여기는 행동(우울)을 함으로써 그들의 폭력을 허용하는 것도 피하는 것이었다. 나는 몸에서 느껴지는 편안하고 열린 느낌을 가지고 그 느낌에 상응하는 편지를 썼다.

새로 쓴 편지에서 나는 우선 스티브와 안젤라에게 우리에게 먼저 편지를 보낸 것에 대해 감사했다. 그리고 그들의 관점과 마찬가지로 우리의 관점도 교회의 오랜 전통에 기반을 둔 것임을 설명했다. 즉 우리도 그들도 잘못 알고 있는 것이 아니라는 것을 설명했다. 나는 그들에게 우리의 개인적인 성품이나 하느님과 우리의 관계를 의심하기보다는 논의하고자 하는 주제에 초점을 맞추어 다시 편지를 보내 줄 것을 요청하였다. 나는 이 편지를 데니스와 마태오에게 보여주었고 그들도 이 편지를 보내는 데 동의했다.

위에서 묘사한 것처럼 몸이 하고자 하는 말에 귀를 기울이는 과정을 '초점 맞추기'Focusing라고 부른다. 우리는 앞서 용서의 과정의 각 단계는 어떤 이야기의 각 장chapter과 같다고 했다. 초점 맞추기 과정은 그 이야기가 펼쳐질 수 있는 기회를 제공한다. 특히 그 이야기가 우리의 몸을 통하여 이야기하고 싶어 할 때는 더욱 그러하다. 이렇게 내 몸은 내가 나의 어깨가 구부정하고 호흡이 얕다는 것을 알아차렸을 때 하고 싶은 이야기를 털어놓았다. 이 경험을 통하여 이제 나는 나의 몸이 내가 우울의 단계에 갇혀 있다는 사실을 깨우쳐 줄 수 있다는 것을 안다.

나의 몸이 하고 싶은 이야기를 계속하도록 경청해 주었을 때 그 이야기의 밑바닥에 흐르는 메시지, 즉 '우리는 우리가 괜찮은 존재라는 것을 입증할 필요가 없다.'라는 메시지를 들을 수 있었다. 이 깨달음과 함께 나는 온몸으로 편안함을 느낄 수 있었는데 이렇게 몸으로 느끼는 변화는 적어도 우리 몸이 소통하고자 하는 메시지의 일부를 알아들었다는 표시이다. 이것은 마치 우리의 몸이 안도의 한숨을 내쉬면서 "내 말을 들어 주어서 고마워."라고 말하는 것과 같다.

가슴이 열리고 정상적으로 숨을 쉬기 시작하면서 내가 사람들을 피해자와 가해자로 분리하고 싶은 유혹을 떠나보냈음을 알았다. 나는 마음의 중심을 찾았고 내 자신이 스티브와 안젤라와 동등한 존재라고 느끼기 시작했으며 바로 이런 마음의 상태에서 창조적인 해결책이 떠오를 수 있었다. 새로운 편지라는 방법으로 창조적인 해결책이 떠올랐을 때 나는 얕은 호흡을 하는 상태에서 떠올랐던 생각들은 버리고 편안해진 몸의 상태에서 떠오르는 생각들을 따랐다.

그러나 안타깝게도 초점 맞추기나 창조적인 해결책이 상대방의 변화를 보장해 주지는 않는다. 스티브와 안젤라는 우리의 편지에 답장을 보내오지 않았고 우리는 우리의 편지가 그들에게 어떤 영향을 끼쳤는지도 모른다. 하지만 새로운 편지를 보낸 것이 우리 자신에게 어떤 영향을 끼쳤는지는 잘 안다. 우리는 우리의 신학에 동의하지 않는 사람들이 보내오는 분노의 편지들에 대하여 더 이상 두려워하지 않는다. 이제 우리는 사람들이 비난을 함으로써 우리에게 수치심을 불러일으키도록 내버려 둘 필요가 없으며 우리도 그들을 제압하려고 할 필요가 없다는 것을 안다. 다시 말해서 이제 우리는 우울의 단계('나는 괜찮지 않아.')에도 분노의 단계('너는 괜찮지 않아.')에도 갇혀 있을 필요가 없다는 것을 안다.

이 경험을 통하여 우리 모두가 괜찮은 존재이고 서로 존경심을 가지고 대우받을 만한 존재라는 진리를 온몸으로 깨달았다. 나를 이 진리에서 벗어나게 하려는 유혹을 받았을 때 온몸으로 불편함을 느꼈고, 반대로 이 진리를 드러내는 창조적인 해결책을 발견했을 때는 온몸으로 편안함을 느꼈다.

초점 맞추기를 하는 동안 우리의 몸은 하느님께서 다음 단계로 우리를 초대하신다는 것을 계속해서 알려 주기 때문에 우리는 자동적으로 용서의 단계들을 경험하게 된다. 이와 같이 초점 맞추기는 하느님의 은총과 하느님께서 하시는 일이 우리의 몸에서 어떻게 느껴지는지 발견하도록 도와준다. 다음은 초점 맞추기의 단계이다.

초점 기도의 과정

1) 하느님 또는 가장 친한 친구와 함께 당신을 사랑하는 사람 앞에 서 있다고 상상한다. 깊이 숨을 쉬면서 당신의 몸을 그의 사랑으로 가득 채운다.
2) 눈을 감고 편안히 앉아서 몸의 중심으로 내려가 거기 머물며 무엇이 느껴지는지 알아차린다.
3) 치유가 필요한 상처를 의식한다.
4) 그 상처에 담겨 있는 말을 지금 바로 듣기를 원하는지 자신에게 물어본다. 그 상처와 함께 좀 머물러도 괜찮은가? 괜찮지 않다면 지금은 상처를 만나고 싶지 않은 그 느낌에 주목해 본다.

5) 그 상처와 함께 머무는 것이 괜찮다고 느껴지면 그 상처가 하고 싶은 이야기를 할 때 안전하다고 느끼도록 잠시 시간을 내어 사랑의 분위기를 만든다. 예를 들어, 가장 친한 친구가 집에 온다면 어떻게 준비를 할 것인지 또는 상처를 입은 아이나 애완동물을 어떻게 돌볼지 생각해 본다.

6) 이제 이 모든 것이 어떻게 느껴지는지 느껴 본다. 특별히 몸의 어느 부분에서 그 상처가 느껴지는가? 가슴의 통증, 목이 막힘, 속이 울렁거림, 다리의 떨림 등을 느낄 수도 있다.

7) 이런 느낌이 있으면 잘 돌보고 그것이 단어나 이미지 또는 상징 등을 통하여 말하고자 하는 것이 무엇인지 귀를 기울인다. 어쩌면 그 느낌은 어린아이처럼 다가올지도 모른다. 또한 그 아이는 자신의 이름과 역사(언제 어떻게 생기고 살았는지)와 자신에게 필요한 것에 대해 이야기하기를 원할지도 모른다.

8) 무엇이 떠오르든지 그것을 바꾸거나 고치려고 하지 말고 돌보아 준다. 몸에서 그 아이 또는 상처가 느껴지는 부분에 따뜻한 돌봄의 손을 얹어 준다. 원한다면 예

수님이나 하느님, 또는 자신이 신뢰할 수 있는 사람에게 그 상처를 돌보는 것을 도와달라고 요청한다.

9) 기도를 시작했을 때와 비교해서 지금 몸이 어떻게 느껴지는지 살펴본다. 지금 그 아픈 상황에 대하여 몸은 어떻게 느끼고 있는가? 기도를 시작했을 때와 다르게 느껴지는가? 좀 더 편안해졌는가? 열린 느낌인가? 가벼워졌는가? 그렇다면 그 아픈 상황에 대하여 느끼는 편안함, 열림, 가벼움 등과 일치하는 창조적인 해결책이 자연스럽게 떠오르는지 살펴본다.

10) 무엇을 느끼든 마무리하기 전에 자신의 일부인 그 아이 또는 상처에게 내가 다시 돌아와서 이야기를 더 들어 주고 더 돌보아 주겠다고 말한다.

14. 엠마오의 기도

 루카 복음 24,13-35의 엠마오 이야기는 다른 쪽 뺨을 대는 것이 무엇을 의미하는지 가장 잘 보여 준다. 그 이상 잔혹할 수 없는 십자가 처형과 죽음 한가운데서 예수님은 창조적인 해결책을 찾아내셨다.

 예수님은 희망을 잃고 침울하게 걸어가는 두 제자와 함께 엠마오를 향하여 걸어가신다. 어떤 이유에서든, 아마도 너무나 좌절하여 그들은 예수님을 알아보지 못한다. 그들은 위대한 예언자이셨던 예수님께서 돌아가셨을 뿐만 아니라 그들의 희망이었던 '그 위대한 예언자께서 말씀하시고 행하신 그 모든 것'도 다 죽었다고 생각했기 때문에 깊이 좌절하였다. 예수님께서는 잔인한 권력에 대항하는 비폭력적인 저항을 가르치셨지만 이들은 그 잔인한 권력으로부터 이스라엘을 해방시킬 분이 예수님이

시기를 바랐다. 그런데 예수님의 비폭력적 저항의 결과는 그 권력자들에 의한 예수님의 사형 선고와 처형이었다. 이 두 제자에게는 예수님만 돌아가신 것이 아니라 비폭력적 저항이라는 예수님의 창조적인 방법도 함께 죽은 것이었다. 결국 세상의 폭력이 승리한 것이었다.

예수님은 그들과 함께 엠마오로 걸어가시면서 그들이 그 큰 상처에 대하여 이야기하게 하신다. 그들은 대사제들과 지도자들이 가해자이고 그들은 피해자라는 것이 얼마나 극명하게 드러났는지 이야기하기 시작한다. 그러나 예수님께서 그들을 용서의 다섯 단계로 이끄심에 따라서 누가 가해자이고 누가 피해자인지 분명했던 경계선이 점차 흐려진다. 이러한 일이 일어나면 예수님은 그들이 창조적인 해결책을 발견할 수 있도록 도울 준비가 된 것이다.

첫째, 예수님은 제자들이 용서의 다섯 단계를 통하여 그들의 상처에 대하여 이야기하도록 초대하신다. 제자들은 예수님을 포함하여 누구든지 일어난 일에 대하여 부정의 단계에 머무는 것을 거부하는 것으로 이야기를 시작한다. "예루살렘에 머물렀으면서 이 며칠 동안 그곳에서 일어난 일을 모르는 사람은 아마 당신 혼자일 것입니다." 이것은 마치 제자들이 현실을 부정하고 있는 것 같은 예수님을 흔들어 깨우는 것처럼 보인다. 그들은 예수님이 너무도 분명한 사실을 알지 못하는 '유일한 사람'이라고 비난한다.

그런 후에 제자들은 대사제들과 지도자들이 한 일에 대한 그들의 분노에 대하여 그리고 예수님께서 그들을 어떻게 실망시키셨는지에 대하여 이야기한다. 이 모든 것도 부족해서 그들은 무덤에 예수님의 시신이 없다고 말하는 여인들에 대하여 어떻게 생각을 해야 할지 모르겠다는 말도 덧붙인다. 이 여인들은 예수님께서 살아 계신다고 선포하는 천사들을 보았다고 주장했지만, 제자들이 그것이 사실인지 알아보도록 사람들을 보냈을 때 예수님께서 살아 계신다는 증거는 아무 데서도 발견되지 않았다는 것이다.

우리는 이 두 제자가 어떤 거래를 했는지에 대해서는 짐작하는 수밖에 없다. 그들이 한 이야기의 결과로 미루어 볼 때 그들은 '나는 예수님께서 살아 계신다는 것이 사실일 때에만 예수님을, 그리고 여인들과 대사제들과 지도자들을 용서할 것이다.'라는 내용의 거래를 했을 것 같다.

예수님은 우울의 단계에 있는 제자들이 희망이 없다고 느끼는 이유가 무엇인지 모두 이야기하게 하시고 마음을 다하여 들어 주신다. 하지만 다음 단계로 넘어가도록 재촉하지는 않으신다. 어쩌면 제자들이 진정으로 견딜 수 없었던 것은 자신들이 그렇게도 빨리 예수님을 저버린 것이었을 수도 있다. 그래서 그들은 자신들을 비난하고 있었을지도 모른다. 그들은 자주 자기 자신에게 '왜 우리는 예수님의 마지막 몇 시간 동안 그분 곁에 머물지 못했을까? 왜 우리는 그렇게 쉽게 예수님을 그들에게 넘겨서 돌아가시게 만들었을까?'라는 질문을 던졌을 것이다. 또한 그들은 아마도 대사제들과 지도자들이 예수님을 사형에 처했다는 소식을 전함으로써 '이 모든 것은 다 대사제와 지도자들의 잘못이다.'라고 말하는 것으로 그들 자신을 정당화하려고 애를 썼을 것이다. 그러나 예수님은 아직 준비되지 않은 그들이 직면하도록 재촉하지 않으셨다.

이 성경 본문의 끝부분에서 두 제자는 그들이 어떻게 서서히 수용의 단계를 체험했었는지 숙고한다. "길에서 우리에게 말씀하실 때나 성경을 풀이해 주실 때 우리 마음이 타오르지 않았던가!' '그들의 마음이 타오르게 하기 위하여' 예수님은 무엇보다도 먼저 당신이 그들의 상처를 이해한다는 것을 그들과 소통하셨음에 틀림없다. 그런 다음 그들을 그렇게 화나고 좌절하게 하는 것들에 대하여 다양한 성경 구절을 예로 들어 설명해 주셨을 것이다. 그들이 나약한 자신이 있는 그대로 사랑을 받는다는 것을 깨달았을 때 그들처럼 나약한 다른 인간들 또한 있는 그대로 사랑할 수 있게 되었을 것이다. 이렇게 예수님의 방법은 누가 피해자이고 누가 가해자인지 그 경계를 사라지게 하고 전 인류가 하나가 되게 한다. 그들은 엠마오로 가던 길에 만난 이 낯선 사람과 그러한 일체감을 느꼈고 그래서 목적지 마을에 도착했을 때 계속 가려고 하는 그를 붙잡고 함께 머물기를 청했다.

이러한 일체감은 그들이 창조적인 해결책에 마음을 열게 하였다. 곧 함께 빵을 나누게 하였다. "그들과 함께 식탁에 앉으셨을 때, 예수님께서는 빵을 들고 찬미를 드리신 다음 그것을 떼어 그들에게 나누어 주셨다. 그러자 그들의 눈이 열려 예수님을 알아보았다."(루카 24,30-31ㄱ)

그들은 자신의 눈을 믿을 수가 없었다. 예수님께서 바

로 그들 앞에서 빵을 나누어 주고 계셨다. 예수님과 함께 죽기보다는 살기 위해 예수님을 버리고 사라졌던 그들에게 예수님께서 빵을 떼어 주고 계셨다. 빵의 나눔은 모든 것을 변화시켰다. 그것은 마치 예수님께서 '더 이상 가해자도 피해자도 없다. 우리는 모두 서로에게 속해 있다.'라고 말씀하시는 것 같았다. 빵의 나눔은 비폭력적으로 참여하는 예수님의 방식, 즉 모든 인간은 평등하다는 메시지였다. 빵의 나눔에서 오는 효과는 두 제자의 변화로 나타났다. 그들에게 변화가 일어난 것은 아마도 그들이 그들 자신을 탓하는 것을 중단했으며 그와 함께 희망이 되살아났기 때문일 것이다. 이유가 무엇이든 그들은 빵의 나눔으로 무엇인가 달라진 것을 느꼈고 '그들의 눈이 열려 예수님을 알아보았다.'

두 제자는 빵의 나눔으로 큰 열정을 체험하였고 이에 계획을 변경하여 엠마오에서 하룻밤을 묵는 대신 '곧바로 일어나 예루살렘으로 돌아갔다.' 그들은 다른 제자들에게 '길에서 겪은 일과 빵을 떼실 때에 그분을 알아보게 된 일'에 대하여 지체 없이 이야기해 주어야 했다.

빵의 나눔과 변화에 대한 두 제자의 이야기는 매우 명

쾌하고 설득력이 있어서 사람들은 여러 세기에 걸쳐서 예루살렘뿐 아니라 그리스도인이 가는 곳이면 어디서든지 비폭력적 개입이라는 예수님의 세 번째 방법, 즉 빵의 나눔을 기념한다. 사람들은 예수님께서 하셨듯이 모두가 하나가 되었다고 느낄 수 있을 때까지 버림받은 사람들, 죄인들, 적들과 함께 빵을 쪼개어 나누었다. 오늘날에도 우리는 그 두 제자들처럼 빵을 쪼개어 나눌 때마다 예수님께서 살아 계시며 그분의 비폭력적 방법이 궁극적인 승리를 거둘 것이라는 확신을 하게 된다.

엠마오 이야기에는 두 가지 중요한 점이 있다. 우선 무엇보다 중요한 것은 예수님께서 두 제자가 용서의 다섯 단계를 체험하도록 안내하셨다는 것이다. 예수님처럼 우리가 느끼는 모든 것을 나눌 수 있을 만큼 우리에게 소중한 사람이 이야기를 들어 준다면, 우리는 모두 그 제자들처럼 자연스럽게 용서의 단계를 경험할 수 있을 것이다. 두 번째로 중요한 것은 예수님께서는 제자들에게서 가해자와 피해자를 구분하는 분명한 선이 사라짐에 따라서 그들에게 창조적인 해결책, 즉 서로 분리되지 않고 평등한 인간에 대한 변치 않는 상징으로서 빵의 나눔이라는 해결책을 제시해 주셨다는 것이다. 다음 기도는 예수님께서 용서의 다섯 단계로 안내하시도록 우리를 초대한다.

엠마오의 기도

1) 엠마오로 가는 제자들에 대한 이야기(루카 24,13-35)를 읽는다.
2) 예수님과 함께 엠마오로 가는 흙먼지 길을 걸어가고 있다고 상상한다. 발가락 사이로 흙이 느껴질 수도 있다. 두 제자처럼 예수님께 자신의 삶에서 경험한 상처를 말씀드린다. 자신이 처했던 상황을 그렇게 고통스럽게 만든 말이나 행동이 무엇이었는지 예수님께 말씀드린다.
3) 그 경험에 대한 자신의 모든 감정을 말씀드리고 겪은 일에 대하여 예수님께서 어떻게 느끼시는지 들어 본다. 예수님께서 무슨 말씀을 하시는지, 무엇을 해 주시

는지 주의 깊게 살펴본다. 깊이 호흡하면서 예수님께서 주고자 하시는 모든 사랑을 받아들인다.

4) 온전한 돌봄과 이해를 받는다고 느낄 때까지 필요하면 위의 2~3단계를 자주 반복한다. 필요한 단계에 충분히 머문다. 급하게 다음 단계로 넘어갈 필요는 없다.

5) 원한다면 나에게 상처를 준 사람에게 예수님께서 무슨 말씀을 하시고 무엇을 하시는지 주의 깊게 살펴본다. 깊이 호흡하면서 숨을 내쉴 때마다 예수님께서 그 사람을 생명으로 채우시는 것을 도와 드린다.

6) 마지막으로 예수님께 나 자신을 보호하고 내게 상처를 준 사람을 회개로 초대할 수 있는 창조적인 방법, 즉 비폭력적인 방법이 있으면 보여 주시도록 청한다. 위의 3~5단계에서 예수님께서 나 자신과 그 사람에게 어떤 말씀과 행동을 하셨는지를 돌아보면 아마도 예수님께서 내가 무엇을 하도록 초대하시는지 그 단서들을 얻을 수 있을 것이다.

에필로그

...

 이 책이 처음 나왔을 때 어떤 독자는 비폭력 개입이 이 세상에서 진정한 승리를 거둘 수 있을지에 대하여 회의적인 의견을 표현했다. 신문을 읽는 사람은 누구나 이 독자의 의견에 쉽게 동의할 것이다. 인간은 여러 세기를 지나오면서 전쟁을 했지만 얻은 교훈은 거의 없고 폭력만 증가하는 것 같다. 하지만 우리 셋은 세상이 진정으로 변화하고 있다는 희망을 놓지 않으려고 한다. 길 베일리Gil Bailie가 자신의 저서 「Violence Unveiled」에서 이야기하듯이, 우리는 예수님의 삶과 죽음을 통해서 폭력이 더 이상 인간의 문제와 갈등에 대한 실제적인 해결책이 아니라는 것을 이미 2천 년 전에 알게 되었다.

 200년 전에는 살인자들이 구경꾼들 앞에서 공개적으로 교수형에 처해졌지만 이제 우리는 사형이란 제도에 대하여 고민하고 있다. 육아 프로그램들은 권위주의와 처벌이 아니라 민주적 원리에 토대를 둔 완전히 새로운 방식의 육아 방법을 알려 주고 있다. 세상의 많은 곳에서 여전히 전쟁이 일어나고 있지만 동시에 군사적인 공격만 하기보다 인도주의적인 평화 유지 사업(사적인 이득이 동기가 되는 경우가 많기는 하지만)을 군사적 해결책에 포함시키는 경우가 점점 증가하고 있다.

또한 필리핀에서 피정 지도를 마치고 막 돌아오는 길이었기 때문에 우리는 더욱더 희망을 가질 수 있었던 것 같다. 필리핀에서 우리는 마닐라 중심가인 EDSA에서 멀지 않은 곳에 머물고 있었다. 그곳은 페르디난드 마르코스 대통령의 독재 정부를 무너뜨린 1986년 혁명이 일어난 곳이었다. EDSA 시민 혁명으로 알려진 이 혁명은 온전히 비폭력적 혁명이었는데, 마르코스 대통령 군대의 작은 분파가 마르코스 정권에 대하여 환멸을 느끼고 신 추기경(Jaime Sin, 마닐라 교구장이었던 그는 필리핀 가톨릭교회뿐만 아니라 민주화에 큰 기여를 한 분이다. 2004년 선종한 후 지금까지도 국민들로부터 많은 존경을 받고 있다. 한국의 독자들은 김수환 추기경을 떠올리면 쉽게 이해가 될 것이다. - 옮긴이 주)에게 도움을 청하면서 시작되었다. 신 추기경은 라디오 방송으로 필리핀 국민에게 거리로 나와서 마르코스 정권에 대하여 평화적인 저항을 하자고 제안했고 실제로 수백만 명의 시민들이 EDSA로 나와 열을 지어 서서 평화적인 시위를 했으며 거리의 거의 모든 모퉁이에서는 가톨릭 미사가 집전되었다.

우리의 필리핀 친구들은 모두 그 혁명의 날들에 그들이 어디에 있었는지 기억하고 있었다. 마르타는 이렇게 회상했다. "나는 점심을 싸서 네 명의 자녀들을 데리고 EDSA로 가서 사람들과 합류했어요. 우리는 군인들을 위한 음식도 싸 가지고 갔어요. 머리 위에는 정부군 헬리콥터가 떠 있었고 우리가 죽을 수 있다는 것도 알고 있었어요. 하지만 거기 모인 사람들의 마음은 생명으로 가득 차 있었기 때문에 나는 거기에 함께 있을 수밖에 없었어요."

마르코스 군대의 탱크가 군중을 향해 다가갔을 때 그들은 탱크를 둘러싸고 군인들에게 꽃과 묵주와 음식을 건넸다. 그 넘치는 사랑과 용서에 감동을 받은 군인들이 탱크에서 나와 시민들과 함께 혁명에 동참했다고 한다.

EDSA 시민 혁명은 단 나흘 동안 지속되었지만 그것은 수년 동안의 준비가 맺은 열매였다. 사람들은 비폭력에 대한 교육과 훈련을 받아 왔던 것이었다. 탱크가 그들을 향해 다가온 혁명의 순간에는 충분히 많은 사람들이 두 손으로 하는 용서에 익숙해져 있었고 군인들도 그러한 용서에 새로운 방식으로 응답할 수 있었다. 당시 혁명군 지도자였던 호나산과 이멜다 마르코스(독재자 마르코스의 부인)는 현재 둘 다 민주적으로 선출된 필리핀의 상원 의원으로 재임 중이다.

필리핀은 여전히 경제적·사회적으로 많은 문제를 가지고 있지만 그 국민들은 결코 잊을 수 없는 중요한 것을 깨달았다. 그들은 누군가가 오른뺨을 때릴 때 수동적으로 왼뺨도 맞도록 놓아두거나 반대로 되받아칠 필요가 없다는 것을 깨달았다. 그들은 가해자에게 용서와 비폭력이라는 두 손을 내밀 수 있다는 것을 알고 있다. '한 손은 그에게 속하지 않는 것을 도로 가져오는 손이고, 다른 한 손은 그렇게 하는 동안 서서히 그를 진정시키는 손이다.' 우리는 용서의 다섯 단계를 삶의 방식으로 받아들여 실천함으로써 이 창의적인 세 번째 방식이 우리 본능의 일부가 될 수 있다고 믿는다.

참고

7쪽

데니스와 마태오 린의 *Healing Life's Hurts: Healing Memories through the Five Stages of Forgiveness* (Mahwah, NJ: Paulist Press, 1978)에서 보다 더 학문적이고 상세한 각주를 포함하고 있다.

12쪽

1989년 11월 6일 쉬나 던컨이 월터 윙크에게 보낸 편지에 근거를 두고 월터 윙크의 *Engaging the Powers: Discernment and Resistance in a World of Domination* (Minneapolis: Fortress Press, 1992), p.235에서 인용하였다.

18~24쪽

월터 윙크의 *Engaging the Powers: Discernment and Resistance in a World of Domination*을 참고하라. 마태 5,38-42에 대한 주석은 "예수님의 세 번째 길: 비폭력적 개입"이라는 내용으로 9장에 실려 있고 예수님의 비폭력적 개입이 실제로 어떻게 우리가 살고 있는 세상의 권위적 지배체제를 무너뜨리고 새로운 질서를 가져올 수 있는지에 관하여 이야기한다. 이 책은 사람들에 의해서 널리 인정을 받았으며 우리가 읽은 책 중에 최고의 책 가운데 하나였다. 이 책은 1997년에 좀 더 짧고 단순화된 형태로 *The Powers that Be* 라는 제목으로 더블데이출판사에서 다시 출판되었다. 우리는 마태 5,38-42에 대한 윙크 박사의 해석이 신빙성이 있다고 생각하지만 모든 성서학자들이 그에 동의하는 것은 아니다. 이에 대한 다른 해석을 위해서는 예수회 회원 잔 람브레히트의 "The Sayings of Jesus on Nonviolence"(비폭력에 대한 예수님의 말씀), *Louvain Studies,* Vol. 12(1987), pp.291-305를 참조하라. 특히 "Is Active Nonviolent Resistance Jesus' Third Way?: An Answer to Walter Wink"(예수님의 세 번째 길이 적극적인 비폭력적 저항인가?: 월터 윙크의 견해에 대한 응답) *Louvain Studies,* Vol. 19(1994), pp.350-351을 참조하라.

22쪽

월터 윙크의 *Engaging the Powers: Discernment and*

Resistance in a World of Domination, p.179을 보라.

25쪽

발바라 데밍의 *Prisons that Could Not Hold: Prison Notes 1964-Seneca 1984* (San Francisco: Spinsters Ink, 1985), 제인 메이 어딩(ed.)의 *We Are All Part of One Another: A Barbara Deming Reader* (Philadelphia: New Society, 1984), 팜 맥알리스터의 *You Can't Kill the Spirit* (Philadelphia: New Society, 1988), pp.6-7에서 인용되었다.

27~28쪽

Session 5, "Winning cooperation", of the PBS television series *Active Parenting Today for Parents of Two to Twelve-Year-Olds,* by Michael Popkin (Marietta, GA: Active Parenting Publishers, 1993).

32쪽

Kathleen Hurley & Theodore Dobson, *What's My Type?*

(San Francisco: Harper-Collins, 1991), p.122.

33쪽

Dorothy Samuel, *Safe Passage on City Streets* (Richmond, IN: Liberty Literary Works, 1991), p.86.

34쪽

Creation Spirituality, Vol. 11, No. 1 (Spring, 1995), p.8.

36~38쪽

Barbara Sofer, "Not in Our Town", *Woman's Day* (November 22, 1994), pp.34-40.

38~39쪽

Newsweek, June 5, 1995, p.10.

41~42쪽

덴마크의 유다인 구출에 관한 이야기에 대하여는 Philip

Friedman, *Their Brothers' Keepers* (New York: Crown Publishers, 1957), Chapter 12를 참조하라. Eichmann으로부터 인용은 Ron Sider & Richard K. Taylor의 "International Aggression and Nonmilitary Defense", *Christian Century 100* (July 6-13, 1983), p.645, Cited in Wink, *op. cit.*, p.255을 보라.

42~44쪽

히틀러와 비폭력적 개입에 대하여 Wink, *op. cit.*, pp.254-255을 참조하라. 비폭력적 혁명에 대한 통계에 대하여 Wink, *op. cit.*, p.264을 참조하라.

51쪽

엘리자베스 퀴블러 로스의 *On Death and Dying* (New York: Macmillan, 1969)을 보라.

65~67쪽

Stanford 대학의 David Spiegel 박사의 전이성 유방암 환

자들에 관한 연구는 Bill Moyers, *Healing and the Mind* (New York: Doubleday, 1993), pp.67-68에 수록되어 있다. 광부 이야기는 Deepak Chopre의 "Body, Mind and Soul: The Myth & the Magic" (PBS television series, August 17, 1995)을 참조하라.

76쪽

Alice Miller의 "enlightened witness" (통찰력 있는 증인)이라는 개념은 그녀의 책 *Banished Knowledge* (New York: Doubleday, 1990)에서 더 발전된다.

78~79쪽

듀크 대학의 레드포드 윌리엄 박사의 적대감과 심장병에 관한 연구는 *Psychology Today* (July, 1992), p.18에 수록되어 있다. 버니 시겔의 예외적인 암환자에 관한 연구는 그의 책 *Peace, Love & Healing* (New York: Harper, 1989)에 수록되어 있다. "100살까지 살기를 원합니까?"라는 질문의 중요성은 이 책의 5장 '분노가 건강에 미치는 영향'에 수록되어 있다.

96~97쪽

조지 솔로몬 박사의 에이즈 환자에 관한 연구는 버니 시겔의 *Peace, Love & Healing,* pp.162-163에 수록되어 있다. 데이비드 맥클레란드 박사의 조건 없는 사랑과 면역 글로불린 A에 관한 연구는 래리 도시의 *Healing Words* (San Francisco: Harper, 1993), pp.109-110에 수록되어 있다.

108쪽

가장 사망률이 높은 월요일에 관한 연구는 the American Heart Association (November, 1992), *Newsweek* (December 2, 1985), p.82, *U.S. News & World Report* (January 21, 1985), p.68에 수록되어 있다. 스탠포드 대학의 Carl Thorensen 박사의 심장 마비에 취약한 사람들의 특징과 집단 나눔이 가져오는 유익한 효과에 관한 연구는 *The New York Times* (September 20, 1990), p.B-8에 실려 있다.

121쪽

일하러 가기 전에 아내에게 키스를 하는 남편들이 건강 관련하여 얻는 유익함은 *La Nacion* (San Jose, Costa Rica, February 13, 1988), p.4에 실려 있다.

134쪽

자신의 짐을 낯선 사람들에게 맡긴 여자에 관한 이야기는 Dorothy Samuel의 *Safe Passage on City Streets* 에서 인용했다.

135쪽

앤지 오고먼과 대화의 맥락에 관하여는 Wink의 pp.233-234을 참조하라. 인용문은 p.234에 실려 있다. 앤지 오고먼의 "Defense through Disarmament: Nonviolence and Personal Assault", in angie O'Gorman (ed.), *The Universe Bends Toward Justice* (Philadelphia: New Society Publishers, 1990), pp.241-247을 참조하라.

150쪽

Barbara Deming, *op, cit.*

157~160쪽

유다인 대학살이 일어나는 동안 있었던 유다인 구출에 관한 연구는 Samuel & Pearl Oliner의 *The Altruistic Personality: Rescuers of Jews in Nazi Europe* (New York: Macmillan, 1988), especially Chanper 10, "Moral Heroism and Extensivity", pp.249-260에서 찾아볼 수 있다.

170~175쪽

초점 맞추기는 본래 시카고 대학의 Eugene Gendlin에 의해 계발되었다. 그의 저서 *Focusing* (New York: Bantam, 1978)을 보라. 우리는 초점 맞추기를 그리스도교 영성에 통합시킨 Peter Campbell과 Edwin McMahon으로부터 초점 맞추기에 대하여 알게 되었고 그들의 방법에 근거하여 발전시켰다. 우리는 "식별은 하느님의 은총이 우리의 몸에서 어떻게 느껴지는지에 관한 것이다."라는 아이디어에 관하여 Peter와 Ed에게 감사한다. 초점 맞추기에 관한 짧고 훌륭한 설명은 Peter Campbell의 "Focusing: Doorway to the Body-Life of Spirit", *Creation Spirituality* (May/June, 1991), pp.24, 26, 27, 50, 52에서 볼 수 있다. 초점 맞추기에 관한 책과 피정에 관하여는 Institute for Bio-Spiritual Research, P.O. Box 741137, Arvada, CO 80006-1137로 문의하라.

옮긴이

김인호

대전교구 사제(2003년 수품)로 이탈리아 로마의 그레고리안 대학교에서 심리학 석사 학위를 받았다. 대전 삼성동 본당 주임 신부를 거쳐 현재 대전 가톨릭대학교 교수로 있다. 서울대교구 영성 심리 상담 교육원, 문화 영성 대학원, 대전 가톨릭대학교 부설 혼인과 가정 대학 등에서 강의하고 있다. 가톨릭신문 '김인호 신부의 건강한 그리스도인 되기'를 연재했고(2014년), 2015년 현재 평화방송 라디오·TV 상담 프로그램(따뜻한 동행)에 출연하고 있다.

장미희

충남대학교 영어 영문학과를 졸업하고 영국 University of East London에서 상담 및 심리 치료 석사 학위를 받았다. 대전 성모여자고등학교에서 영어를 가르쳤으며, 영국 Institute of St. Anselm에서 Integrative Spiritual Counselling 상담사 및 상담 슈퍼바이저 자격을 획득하고, 동 기관에서 개인 및 집단 상담사, 상담 슈퍼바이저로 일했다. 현재 서울대교구 영성 심리 상담 교육원에서 가톨릭 상담 봉사자 양성을 위한 교육 및 상담을 하고 있다.